該資料輯録爲國家社會科學基金重大項目
"東胡系民族歷史文獻整理與研究"（項目號：17ZDA211）
成果之一，獲内蒙古大學"2021年度雙一流建設
和特色發展引導資金"資助出版

【東胡系民族資料彙編】

張久和 主編

張久和　王石雨 編

宇文鮮卑資料輯錄
段部鮮卑資料輯錄

中華書局

圖書在版編目(CIP)數據

宇文鮮卑資料輯錄　段部鮮卑資料輯錄/張久和,王石雨編.—北京:中華書局,2022.12
(東胡系民族資料彙編)
ISBN 978-7-101-15912-7

Ⅰ.宇… Ⅱ.①張…②王… Ⅲ.鮮卑-民族歷史-史料-中國-晉代-五胡十六國時代 Ⅳ.K289

中國版本圖書館CIP數據核字(2022)第176702號

書　　名	宇文鮮卑資料輯錄　段部鮮卑資料輯錄
編　　者	張久和　王石雨
叢書名	東胡系民族資料彙編
責任編輯	陳　喬
責任印製	管　斌
出版發行	中華書局
	(北京市豐臺區太平橋西里38號　100073)
	http://www.zhbc.com.cn
	E-mail:zhbc@zhbc.com.cn
印　　刷	三河市宏達印刷有限公司
版　　次	2022年12月第1版
	2022年12月第1次印刷
規　　格	開本/920×1250毫米　1/32
	印張7¼　插頁2　字數160千字
國際書號	ISBN 978-7-101-15912-7
定　　價	56.00元

目　錄

宇文鮮卑資料輯録

凡　例 ··· 3
宇文鮮卑及宇文鮮卑重要相關專傳專條 ································ 5
　《北史》卷九十八《列傳第八十六·匈奴宇文莫槐》 ············ 5
　《魏書》卷一百三《列傳第九十一·宇文莫槐》 ·················· 6
　《周書》卷一《帝紀第一·文帝上》節録 ··························· 8
　《北史》卷九《周本紀上第九》節録 ································ 9
　《新唐書》卷七十一下《表第十一下·宰相世系一下》節録 ···· 10
　《通典》卷第一百九十六《邊防十二·北狄三·宇文莫槐》 ··· 10
　《太平御覽》卷一〇五《皇王部三〇·後周太祖文皇帝》
　　節録 ··· 11
　《太平御覽》卷八〇一《四夷部二二·宇文莫槐》 ············· 12
　《太平寰宇記》卷之一百九十四《四夷二十三·北狄六·宇
　　文莫槐》 ··· 12
　《册府元龜》卷一《帝王部·帝系》節録 ························ 13
　《通志》卷十七《後周紀十七·太祖文皇帝》節録 ············· 13
　《通志》卷二十九《氏族略五·宇文氏》節録 ·················· 14

《通志》卷二百《四夷傳七·北國下·宇文莫槐》……………… 14

《文獻通考》卷三百四十二《四裔十九·宇文莫槐》………… 16

散見史料繫年錄…………………………………………………… 17

散見未繫年史料…………………………………………………… 65

段部鮮卑資料輯錄

凡　例……………………………………………………………… 69

段部鮮卑及段部鮮卑人物專傳專條……………………………… 71

　《晉書》卷六十三《列傳第三十三·段匹磾》………………… 71

　《北史》卷九十八《列傳第八十六·徒何段就六眷》………… 74

　《魏書》卷一百三《列傳第九十一·徒何段就六眷》………… 76

　《通典》卷第一百九十六《邊防十二·北狄三·徒河段》…… 80

　《太平寰宇記》卷之一百九十四《四夷二十三·北狄六·徒
　　何段》………………………………………………………… 81

　《通志》卷一百二十五《列傳三十八·段匹磾》……………… 83

　《通志》卷二百《四夷傳七·北國下·徒河段務勿塵附》…… 85

　《文獻通考》卷三百四十二《四裔十九·徒河段》…………… 87

散見史料繫年錄…………………………………………………… 89

參考文獻…………………………………………………… 225
後　記……………………………………………………… 227

宇文鮮卑資料輯錄

凡 例

本輯録包含紀傳體、編年體、典制體史書以及大型類書、地理總志中有關宇文鮮卑之資料,其斷限上起"宇文(部)"見諸史載,下迄東晉康帝建元二年(344)前燕文明帝慕容皝滅亡宇文部,其首領逸豆歸北逃。此後有追述前人前事者,酌情擇要收録。

本輯録收録範圍,凡各類典籍中有"宇文"二字且其内容爲記載宇文逸豆歸以前鮮卑宇文部歷史者,概予收録。如無"宇文"二字,而其内容同樣記載鮮卑宇文部事迹者,也予以收録。宇文逸豆歸以後乃至北周歷史則不予收録。

本輯録編排方法:以正史爲主,以本紀爲綱,重出者集中排列,歧異者注明。

所收録史料過長時,與宇文鮮卑關係較小之部分,酌情予以省略。

本輯録主體分爲三部分:

(一)宇文鮮卑及宇文鮮卑重要相關專傳專條
(二)散見史料繫年録
(三)散見未繫年史料

"散見史料繫年録"每條史料均標注公元紀年,輔以兩晉、前燕等政權年號，以資對照。同年資料，按月編排，記載相同或相近內容之史料按成書年代排序並予以集中。年代可以判斷大致範圍但不能絕對確定者，一般繫於相當年代之末並注釋。不能或不宜繫年者，則編入"散見未繫年史料"。

所標年月，以正史爲主，正史無可考者，則據《資治通鑑》或其他史料，具有爭議者則以注釋說明。

所收資料，酌分段落，所用史料爲影印版本者添加標點符號。影印本文字儘量遵循原書，但考慮到影印本《册府元龜》《文獻通考》等典籍存在訛字或語句不通等情況，影響讀者理解。因此，如有明顯謬誤者，根據其他版本靈活參正。所標頁碼仍以影印本爲準，標點不必與參正版本完全相同，參正版本列入參考文獻並置於影印本之後。對舊字形、俗字以及部分異體字，本系列輯錄選用規範繁體字代替。明清刻本中的避諱字，一般恢復爲原字。

文內凡標注爲脚注之字句，均爲編者所添。圓括號中內容除史料原文自帶外，一般爲補充所發生事件之主語，如："東接宇文部，（禄官）自統之。"

本編所收資料，將各史之正文及後人注釋均予以收錄，如《通鑑》胡三省注即全部收錄。注釋及編者之自注，俱使用小號字體。各點校本史料，多附有校勘記，考慮到其學術價值，本系列輯錄均予以保留。

宇文鮮卑及宇文鮮卑重要相關專傳專條

《北史》卷九十八《列傳第八十六·匈奴宇文莫槐》

匈奴宇文莫槐，出遼東塞外，其先南單于之遠屬也，世爲東部大人。其語與鮮卑頗異。人皆翦髮而留其頂上，以爲首飾，長過數寸則截短之。婦女被長襦及足，而無裳焉。秋收烏頭爲毒藥，以射禽獸。莫槐虐用其人，爲部下所殺，更立其弟普撥爲大人。普撥死，子丘不勤立，尚平帝女。〔三一〕丘不勤死，子莫廆立。本名犯道武諱。莫廆遣弟屈雲攻慕容廆，慕容廆擊破之。又遣別部素延伐慕容廆於棘城，復爲慕容廆所破。時莫廆部衆强盛，自稱單于，塞外諸部咸憚之。

【校勘記】

〔三一〕子丘不勤立尚平帝女　諸本"平"下有"文"字。按《魏書》卷一《序紀》，以女妻丘不勤者是平帝拓拔綽，非平文帝拓拔鬱律。"文"字衍，今删。

莫廆死，子遜昵延立，率衆攻慕容廆於棘城。廆子翰先成於外，遜昵延謂其衆曰："翰素果勇，必爲人患，宜先取之，城不足憂也。"乃分騎數千襲翰。翰聞之，使人詐爲段末波使者，逆謂遜昵延曰："翰數爲吾患，久思除之，今聞來討，甚善。

戒嚴相待,宜兼路早赴。"翰設伏待之。遜昵延以爲信然。長驅不備,至於伏所,爲翰所虜。翰馳使告廆,乘勝遂進,及晨而至。廆亦盡鋭應之。遜昵延見而方嚴,率衆逆擊戰,前鋒始交,而翰已入其營,縱火燎之,衆乃大潰,遜昵延單馬奔還,悉俘其衆。遜昵延父子世雄漠北,又先得玉璽三紐,自言爲天所相,每自誇大。及此敗也,乃卑辭厚幣,遣使朝貢于昭帝,帝嘉之,以女妻焉。

遜昵延死,子乞得龜立。復伐慕容廆,廆拒之。惠帝三年,乞得龜屯保澆水,〔三二〕固壘不戰,遣其兄悉跋堆襲廆子仁于柏林。仁逆擊,斬悉跋堆。廆又攻乞得龜克之,乞得龜單騎夜奔,悉虜其衆。乘勝長驅,入其國城,收資財億計,徙部人數萬户以歸。先是,海出大龜,枯死於平郭,至是而乞得龜敗。

【校勘記】

〔三二〕乞得龜屯保澆水　諸本"保"訛作"堡",據《魏書》卷一〇三、《通志》卷二〇〇《宇文莫槐傳》改。

別部人逸豆歸殺乞得龜而自立,與慕容晃迭相攻擊。遣其國相莫渾伐晃,而莫渾荒酒縱獵,爲晃所破,死者萬餘人。建國八年,晃伐逸豆歸,逸豆歸拒之。爲晃所敗,殺其驍將涉亦干。逸豆歸遠遁漠北,遂奔高麗。晃徙其部衆五千餘落於昌黎,自是散滅矣。

頁三二六七至三二六八、三二八一

《魏書》卷一百三《列傳第九十一·宇文莫槐》

匈奴宇文莫槐,出於遼東塞外,其先南單于遠屬也,世爲東部大人。其語與鮮卑頗異。人皆翦髮而留其頂上,以爲首飾,長過數寸則截短之。婦女披長襦及足,而無裳焉。秋收烏頭爲毒藥,以射禽獸。

莫槐虐用其民,爲部人所殺,更立其弟普撥爲大人。普撥死,子丘不勤立,尚平文女。〔一六〕丘不勤死,子莫廆立,本名犯太祖諱。莫廆遣弟屈雲攻慕容廆,廆擊破之;又遣別部素延伐慕容廆於棘城,復爲慕容廆所破。時莫廆部衆强盛,自稱單于,塞外諸部咸畏憚之。莫廆死,子遜昵延立,率衆攻慕容廆於棘城。廆子翰先戍於外,遜昵延謂其衆曰:"翰素果勇,必爲人患,宜先取之,城不足憂也。"乃分騎數千襲翰。翰聞之,〔一七〕使人詐爲段末波使者,逆謂遜昵延曰:"翰數爲吾患,久思除之,今聞來討,甚善,戒嚴相待,宜兼路早赴。"翰設伏待之,遜昵延以爲信然,長驅不備,至於伏所,爲翰所虜。〔一八〕翰馳使告廆,乘勝遂進,及晨而至。廆亦盡銳應之。遜昵延見而方嚴,率衆逆戰,前鋒始交,而翰已入其營,縱火燎之,衆乃大潰,遜昵延單馬奔還,悉俘其衆。遜昵延父子世雄漠北,又先得玉璽三紐,自言爲天所相,每自誇大。及此敗也,乃卑辭厚幣,遣使朝獻于昭帝,帝嘉之,以女妻焉。

【校勘記】

〔一六〕尚平文女　錢氏《考異》卷二八云:"《序紀》卷一邱不懃娶平帝綽女,非平文帝鬱律女,此《傳》誤。"

〔一七〕翰聞之　諸本脱"翰"字,今據《北史》卷九八補。

〔一八〕爲翰所虜　張森楷云:"據此文似遜昵延已見虜矣,而下稱'遜昵延見而方嚴',兵敗逃還,又與此相矛盾。詳玩事勢，此蓋説遜昵延之前驅被虜，非謂遜昵延也，屬文殊欠了晰。"按《通志》卷二〇〇《宇文莫槐傳》"虜"作"敗"，當是以意改。

遜昵延死，子乞得龜立，復伐慕容廆，廆拒之。惠帝三年，乞得龜屯保澆水，固壘不戰，遣其兄悉跋堆襲廆子仁于柏林，仁逆擊，斬悉跋堆。廆又攻乞得龜克之，乞得龜單騎夜奔，悉虜其衆。乘勝長驅，入其國城，收資財億計，徙部民數萬戶以歸。先是，海出大龜，枯死於平郭，至是而乞得龜敗。

別部人逸豆歸殺乞得龜而自立，與慕容晃相攻擊，遣其國相莫渾伐晃，而莫渾荒酒縱獵，爲晃所破，死者萬餘人。建國八年，晃伐逸豆歸，逸豆歸拒之，爲晃所敗，殺其驍將涉亦干。逸豆歸遠遁漠北，遂奔高麗。晃徙其部衆五千餘落於昌黎，自此散滅矣。

頁二三〇四至二三〇五、二三一六至二三一七

《周書》卷一《帝紀第一·文帝上》節録

太祖文皇帝姓宇文氏，諱泰，字黑獺，代武川人也。其先出自炎帝神農氏，爲黄帝所滅，子孫遁居朔野。有葛烏菟者，〔一〕雄武多算略，鮮卑慕之，奉以爲主，遂總十二部落，世爲大人。其後曰普回，因狩得玉璽三紐，有文曰皇帝璽，普回心異之，以爲天授。其俗謂天曰宇，謂君曰文，因號宇文國，并以爲氏焉。

【校勘記】

〔一〕葛烏菟　《北史》卷九《周本紀》上作"葛烏兔"。

普回子莫那，〔二〕自陰山南徙，始居遼西，是曰獻侯，爲魏

舅生之國。九世至侯豆歸,〔三〕爲慕容晃所滅。

【校勘記】

〔二〕莫那　"那"原作"郍",諸本皆作"郍",《北史》卷九《周本紀》上作"那"。按"郍""郍"都是"那"的別寫,今逕改作"那"。以後不出校記。

〔三〕侯豆歸　張森楷云:"《晉書·載記》作'逸豆歸'。"按見《晉書》卷一〇九《慕容皝載記》。

頁一、一四

《北史》卷九《周本紀上第九》節錄

周太祖文皇帝姓宇文氏,諱泰,字黑獺,代郡武川人也。其先出自炎帝。炎帝爲黃帝所滅,子孫遁居朔野。其後有葛烏兔者,雄武多算略,鮮卑奉以爲主,遂總十二部落,世爲大人。及其裔孫曰普回,因狩得玉璽三紐,文曰皇帝璽,普回以爲天授,已獨異之。其俗謂天子曰"宇文",故國號宇文,并以爲氏。

普回子莫那,自陰山南徙,始居遼西,是曰獻侯,爲魏舅甥之國。自莫那九世至侯歸豆,爲慕容晃所滅。〔一〕

【校勘記】

〔一〕及其裔孫曰普回至爲慕容晃所滅　錢氏《考異》卷三八云:"按後周之先,出自匈奴宇文,而紀所述世系與《匈奴宇文莫槐傳》本書卷九八互異。中略兩篇所述人名、世系無一同者,一據《周書》,一據《魏書》也。延壽生於唐初,去周未遠,何以不考乃爾。"

頁三一一、三四〇

《新唐書》卷七十一下《表第十一下·宰相世系一下》節錄

宇文氏出自匈奴南單于之裔。有葛烏兔爲鮮卑君長,世襲大人,至普回,因獵得玉璽,自以爲天授也,俗謂"天子"爲"宇文",因號宇文氏。或云神農氏爲黄帝所滅,子孫遁居北方。鮮卑俗呼"草"爲"俟汾",以神農有嘗草之功,因自號俟汾氏,其後音訛遂爲宇文氏。普回子莫那自陰山徙居遼西,至後周追諡曰獻侯。獻侯生可地汗,號莫何單于,闢地西出玉門,東踰遼水。孫普撥,普撥生丘不勤,丘不勤生莫珪,莫珪生遜昵延,遜昵延生佚豆歸,自稱大單于,爲慕容晃所滅。

頁二四〇三

《通典》卷第一百九十六《邊防十二·北狄三·宇文莫槐》

宇文莫槐

宇文莫槐出於遼東塞外,代爲東部大人。《晉史》謂之鮮卑。《後魏史》云"其先匈奴南單于之遠屬"。又按《後周書》云:"出自炎帝,爲黄帝所滅,〔二四〕子孫逃漠北,鮮卑奉以爲主。"今考諸家所説,其鮮卑之別部。其語與鮮卑頗異。人皆翦髮而留其頂上,以爲首飾,長過數寸則截短之。婦人被長襦,及足,而無裳焉。後姪孫莫廆立,廆,胡罪反。部衆强盛,自稱單于塞外,諸部咸畏憚之。先得玉璽三紐,自言爲天所相,俗謂天曰宇,故自號宇文。至孫乞得龜,爲慕容廆所敗。別部人逸豆歸殺乞得龜而自立,〔二五〕又爲慕容皝所敗,〔二六〕皝徙其部衆五千餘落於昌黎,〔二七〕自是散滅矣。後周宇文氏源出於此。

【校勘記】

〔二四〕爲黃帝所滅　五字原脱,據《周書·文帝紀》上一頁、《太平寰宇記》卷一九四補。按:明抄本、明刻本、朝鮮本、王吴本涉上而脱"爲黃帝",猶有"所滅"。

〔二五〕別部人逸豆歸　"別"原作"滅",清人妄改。今據明抄本、明刻本、朝鮮本、王吴本改回。按:《魏書·宇文莫槐傳》二三〇五頁、《北史·宇文莫槐傳》三二六八頁均作"別"。

〔二六〕又爲慕容皝所敗　"敗"下原有"殺",非。今據《太平寰宇記》卷一九四删。按:《魏書·宇文莫槐傳》二三〇五頁、《北史·宇文莫槐傳》三二六八頁並云逸豆歸爲慕容晃所敗,遠遁漠北,遂奔高麗。

〔二七〕五千餘落　"千"原訛"萬",據《魏書·宇文莫槐傳》二三〇五頁、《北史·宇文莫槐傳》三二六八頁、《太平寰宇記》卷一九四改。

頁五三七一、五三八七

《太平御覽》卷一〇五《皇王部三〇·後周太祖文皇帝》節錄

《周書》曰:太祖文皇帝,姓宇文氏,諱泰,字黑獺,代郡武川人。其先出自炎帝,炎帝爲黃帝所滅,子孫遁居朔野。有葛烏兔者,雄武多算略,鮮卑慕之,奉以爲主,遂總十二部落,世爲大人。其後裔孫曰普回,因狩得王璽三紐,有文曰:皇帝璽,普回異之,以爲天授。其俗謂天子曰宇文,因號宇文國,并以爲氏焉。

頁五〇四上

《太平御覽》卷八〇一《四夷部二二·宇文莫槐》

《後漢書》曰：宇文莫槐出於遼東塞外，其先南單于之遠屬。莫槐之人皆剪髮，而留其頂上以爲飾。婦人被長襦及足而無裳焉。秋收烏頭爲毒藥，以射禽獸。

《北史》曰：莫廆呼罪切部衆強盛，自稱單于。塞外諸部咸畏憚之。莫廆即莫槐之姪孫。莫槐父子世雄漠北，又先得玉璽三鈕，自言爲天所相，每自誇大。莫廆之孫曰乞得龜，爲慕容廆破之。先是海出大龜，枯死於平郭，至是乞得龜敗也。

頁三五五五上至三五五五下

《太平寰宇記》卷之一百九十四《四夷二十三·北狄六·宇文莫槐》

宇文莫槐

宇文莫槐。出于遼東塞外，世爲東部大人。《晉史》謂之鮮卑。〔二〕《魏書》云："其先匈奴南單于之遠屬。"又按《後周書》云："出自炎帝，爲黄帝所滅，子孫逃漠北，鮮卑奉以爲主。"今考諸家所説，其鮮卑之別部。後姪孫莫廆立，廆，胡罪切。部衆強盛，自稱單于，塞外諸部咸畏憚之。先得玉璽三鈕，自言爲天所相，俗謂天曰宇，故自號宇文。至孫乞得龜，爲慕容廆所敗。別部人逸豆歸殺乞得龜而自立，又爲慕容皝所敗，皝，音晃。皝徙其部五千餘落于昌黎，自是滅散矣。後周宇文氏源出于此。

土俗：人皆翦髮而留其頂上，以爲首飾，長過數寸則截之令短。婦人被長褐及足，〔三〕而無裳。言語並與鮮卑同。

【校勘記】

〔二〕晉史　"史"，底本作"書"，據宋版、萬本、《庫》本、傅校及《通典·邊防》一二改。

〔三〕婦人被長褐及足　"褐"，《魏書》卷一〇三《匈奴宇文莫槐傳》、《北史》卷九八《匈奴宇文莫槐傳》、《通典·邊防》一二皆作"襦"。

頁三七一二、三七二三

《册府元龜》卷一《帝王部·帝系》節錄

後周太祖文帝姓宇文氏，代郡武川人也。其先出自炎帝神農氏，爲黄帝所滅，子孫遁居朔野。有葛烏菟者，雄武多算略，鮮卑慕之，奉以爲主，遂總十二部落，世爲大人。其後普回，因狩得玉璽三紐，有文曰皇帝璽，普回異之，以爲天授。其俗謂天曰"宇"，因號宇文國，并以爲氏焉。

普回子莫那，自陰山南徙，始居遼西，是曰獻侯，爲魏舅生之國。九世至侯豆歸，爲慕容晃所滅。

頁一二上至一二下

《通志》卷十七《後周紀十七·太祖文皇帝》節錄

周太祖文皇帝姓宇文氏，諱泰，字黑獺，代郡武川人也。其先出自炎帝。炎帝爲黄帝所滅，子孫遁居朔野。其後有葛烏兔者，雄武多算略，鮮卑奉以爲主，遂總十二部落，世爲大人。及其裔孫曰普回，因狩得玉璽三紐，文曰皇帝璽，普回以爲天授,己獨異之。其俗謂天子曰"宇文",故國號宇文,并以爲氏。

普回子莫那,自陰山南徙,始居遼西,是曰獻侯,爲魏舅甥之國。自莫那九世至侯歸豆,爲慕容晃所滅。

頁三二七上

《通志》卷二十九《氏族略五·宇文氏》節錄

宇文氏,本出遼東南單于。之後有葛烏兔,爲鮮卑君長,世襲大人。至普回,因獵得玉璽,自以爲天所授,鮮卑謂天子爲宇文,因號宇文氏。或云神農氏爲黃帝所滅,子孫遁居北方,以神農有嘗草之功,北俗呼草爲俟汾,音訛爲宇文。普回子莫那自陰山徙居遼西,至後周追謚獻侯。獻侯生可地汗,號莫何單于。闢地西出玉門,東踰遼水。六世孫失豆歸自稱大單于,爲慕容皝所滅。

頁四七四上至四七四中

《通志》卷二百《四夷傳七·北國下·宇文莫槐》

宇文莫槐

宇文莫槐,出於遼東塞外,其先南單于之遠屬也,世爲東部大人。其語與鮮卑頗異。人皆翦髮而留其頂上,以爲首飾,長過數寸則截短之。婦女被長襦及足,而無裳焉。秋收烏頭爲毒藥,以射禽獸。莫槐虐用其人,爲部下所殺,更立其弟普撥爲大人。普撥死,子邱不勤立,娶代王鬱律女。邱不勤死,子莫廆立。莫廆遣弟屈雲攻慕容廆,慕容廆擊破之。又遣別部素延伐慕容廆於棘城,復爲慕容廆所破。時莫廆部衆强盛，自稱單于，塞外諸部咸憚之。

莫廆死，子遜昵延立，率衆攻慕容廆於棘城。廆子翰先戍於外，遜昵延謂其衆曰："翰素果勇，必爲人患，宜先取之，棘城不足憂也。"乃分騎數千襲翰。翰聞之，使人詐爲段末波使者，逆謂遜昵延曰："翰數爲吾患，久思除之，今聞來討，甚善。當戒嚴相待，宜兼路早赴。"翰設伏待之。遜昵延以爲信然。長驅不備，至於伏所，爲翰所敗。翰馳使告廆，乘勝遂進，及晨而至。廆亦盡銳應之。遜昵延率衆逆戰，前鋒始交，而翰已入其營，縱火燎之，衆乃大潰，遜昵延單馬奔還，悉俘其衆。遜昵延父子世雄漠北，又先得玉璽二紐，自言爲天所相，每自誇大。及此敗也，乃卑辭厚幣，遣使朝貢于代王什翼健，什翼健嘉之，以女妻焉。

遜昵延死，子乞得龜立。復伐慕容廆，廆拒之。乞得龜屯保澆水，固壘不戰，遣其兄悉跋惟襲廆子仁于柏林。仁逆擊，斬悉跋惟。廆又攻乞得龜克之，乞得龜單騎夜奔，悉虜其衆。乘勝長驅，入其國城，收資財億計，徙部人數萬户以歸。先是，海出大龜，枯死於平郭，至是而乞得龜敗。

別部人逸豆歸殺乞得龜而自立，與慕容皝迭相攻擊。遣其國相莫渾伐皝，而莫渾荒酒縱獵，爲皝所破，死者萬餘人。其後，皝伐逸豆歸，逸豆歸拒之。爲皝所敗，殺其驍將涉亦干。逸豆歸遠遁漠北，遂奔高麗。皝徙其部衆五千餘落於昌黎，自是散滅。後周宇文氏之源蓋出於此。

頁三二〇二中至三二〇三上

《文獻通考》卷三百四十二《四裔十九·宇文莫槐》

宇文莫槐

宇文莫槐,出於遼東塞外,代爲東部大人。《晉史》謂之鮮卑。《後魏史》云:"其先匈奴南單于之遠屬。"又按《後周書》云:"出自炎帝,子孫逃漠北,鮮卑奉以爲主。"今考諸家之説,其鮮卑之别部。其語與鮮卑頗異。人皆翦髮而留其頂上,以爲首飾,長過數寸則截短之。婦人被長襦及足,而無裳。莫槐虐用其人,爲部下所殺,立其弟普撥爲大人。普撥死,子邱不勤立,尚魏文帝女。邱不勤死,子莫廆立,部衆强盛,自稱單于。莫廆死,子遜昵延立。率衆攻慕容廆,爲廆子翰所敗,悉俘其衆。遜昵延死,子乞得龜立。復攻慕容廆,爲廆所敗,部人逸豆歸殺乞得龜而自立,又爲慕容皝所敗,遁歸漠北,遂奔高麗。其部衆五萬餘落,皝徙之於昌黎,自是散滅。後周宇文氏源出於此。

頁二六八三上至二六八三中

散見史料繫年錄

公元二八五年　西晉武帝太康六年

初，涉歸有憾於宇文鮮卑，廆將修先君之怨，表請討之。武帝弗許。廆怒，入寇遼西，殺略甚衆。

《晉書》卷一百八《載記第八·慕容廆》頁二八〇四

是歲，慕容刪爲其下所殺，部衆復迎涉歸子廆而立之。涉歸與宇文部素有隙，宇文部亦鮮卑種，其先有大人曰普回，因狩得玉璽三紐，文曰"皇帝璽"。普回以爲天授，其俗謂天子曰"宇文"，故國號宇文，幷以爲氏。何氏《姓苑》曰：宇文氏出自炎帝，其後以嘗草之功，鮮卑呼草爲俟汾，遂號爲俟汾氏，後世通稱俟汾，蓋音訛也。代爲鮮卑單于。廆請討之，朝廷弗許。廆怒，入寇遼西，殺略甚衆。帝遣幽州軍討廆，戰于肥如，肥如縣屬遼西郡。應劭曰：肥子奔燕、燕封於此。賢曰：肥如，今平州。廆衆大敗。自是每歲犯邊，又東擊扶餘，扶餘王依慮自殺，慮，音閭。子弟走保沃沮。沮，千余翻。廆夷其國城，驅萬餘人而歸。

《資治通鑑》卷八十一《晉紀三·武帝太康六年》頁二五九〇

初,涉歸有憾於宇文鮮卑,廆將脩先君之怨,表請討之。武帝弗許。廆怒,入寇遼西,殺略甚衆。

《通志》卷一百八十八《載記三·慕容廆》頁三〇一一上

初,涉歸有憾於宇文鮮卑,廆將修先君之怨,表請討之。武帝弗許,廆怒,入寇遼西,殺略甚衆。

《十六國春秋輯補》卷二十三《前燕録一·慕容廆》頁一七六

公元二八九年　西晉武帝太康十年

時東胡宇文鮮卑段部以廆威德日廣,懼有吞并之計,因爲寇掠,往來不絕。廆卑辭厚幣以撫之。

《晉書》卷一百八《載記第八·慕容廆》頁二八〇四

前燕慕容廆初爲鮮卑都督。時東胡宇文鮮卑段部以廆威德日廣,懼有并吞之計,因爲寇掠,往來不絕。廆卑辭厚幣以撫之。

《册府元龜》卷二三〇《僭僞部·懷附》頁二七四〇上

時鮮卑宇文氏、段氏方強,段氏,東部鮮卑也。杜佑曰:宇文莫槐出於遼東塞外,代爲鮮卑東部大人。徒河段疾六眷出遼西,因亂,被賣爲漁陽烏桓大人庫僇家奴。庫僇以其健,使將人衆,詣遼西逐食,遂招誘亡叛,以至強盛。余按《晉書·王浚傳》:段疾六眷,務勿塵之世子。段氏自務勿塵以來,強盛久矣,疾六眷因亂被掠,容或有之;務勿塵既能爲部落之帥,恐不待其子招誘而後能強盛也。數侵掠廆,廆卑辭厚幣以事之。

《資治通鑑》卷八十二《晉紀四·武帝太康十年》頁二五九三至二五九四

時東胡宇文鮮卑段部以廆威德日廣,懼有吞併之計,因爲寇掠,往來不絶。廆卑辭厚幣以撫之。

《通志》卷一百八十八《載記三·慕容廆》頁三〇一一中

時東胡宇文鮮卑段部以廆威德日廣,懼有吞并之計,因爲寇掠,往來不絶。廆卑辭厚幣以撫之。

《十六國春秋輯補》卷二十三《前燕録一·慕容廆》頁一七六

公元二九三年　西晉惠帝元康三年

匈奴宇文部大人莫槐爲其下所殺,更立莫槐弟普撥爲大人。

《魏書》卷一《序紀第一》頁五

鮮卑宇文莫槐爲其下所殺,弟普撥立。

《資治通鑑》卷八十二《晉紀四·惠帝元康三年》頁二六一三

公元二九五年　西晉惠帝元康五年

神元子昭帝禄官立。帝元年,分國爲三部。〔一〕一居上谷北,濡源西,東接宇文部,自統之。

【校勘記】

〔一〕帝元年分國爲三部　百衲本、南本、北本、汲本"元"並作"九",殿本改作"元"。按下文有二年、三年直至十三年,則此應作"元年"。又"桓帝統部凡十一年",也是從昭帝即位之年算起。作"九"誤,今從殿本。

《北史》卷一《魏本紀第一·昭帝》頁四、三六

昭皇帝諱祿官立,始祖之子也。分國爲三部:帝自以一部居東,在上谷北,濡源之西,東接宇文部;以文帝之長子桓皇帝諱猗㐌統一部,居代郡之參合陂北;以桓帝之弟穆皇帝諱猗盧統一部,居定襄之盛樂故城。

《魏書》卷一《序紀第一》頁五至六

子祿官立,分國爲三部:一居上谷北,濡源西,〔三七〕東接宇文部,自統之;一居代郡之參合陂北,在今馬邑郡。兄子猗㐌統之;一居定襄之盛樂故城,亦在今馬邑郡。使猗㐌弟猗盧統之。

【校勘記】

〔三七〕一居上谷北濡源西　原"北"下衍"之",據朝鮮本、王吴本及《北史·魏本紀》一四頁删。

《通典》卷第一百九十六《邊防十二·北狄三·拓跋氏》頁五三七四、五三八八

九年,分國爲三部,帝自以一部居東,在上谷北,須源之西,東接宇文部;以文帝之長子桓皇帝諱猗㐌統一部,居代郡之參合陂北;以桓帝之弟穆皇帝諱猗盧統一部,居定襄之盛

樂故城。

《太平御覽》卷一〇一《皇王部二六·後魏諸帝》頁四八二上

一居上谷北,濡源之西,東接宇文部,(禄官)自統之。

《太平御覽》卷八〇一《四夷部二二·託跋氏》頁三五五四下

四至:按拓跋禄官分國爲三部:一居上谷北,濡源西,東接宇文部,自統之;一居代郡之參合陂北,在今馬邑郡。兄子猗㐌統之;一居定襄之盛樂故城,亦在今馬邑郡。使猗㐌弟猗盧統之。

《太平寰宇記》卷之一百九十三《四夷二十二·北狄五·托跋氏》頁三六九八

神元子昭帝禄官立,分國爲三部:帝自以一部居東,在上谷北,濡源之西,東接宇文部。

《册府元龜》卷一《帝王部·帝系》頁一〇下

一居上谷北,濡源西,東接宇文部,(禄官)自統之。

《通志》卷十五上《後魏紀十五上·昭皇帝》頁二六九下

子禄官立,分國爲三部:一居上谷北,濡源西,東接宇文部,自統之。

《文獻通考》卷三百四十二《四裔十九·托跋氏》頁二六八三下

公元二九九年　西晉惠帝元康九年

五年，宇文莫廆之子遜昵延朝貢。帝嘉其誠款，以長女妻焉。

《魏書》卷一《序紀第一》頁六

公元三〇二年　西晉惠帝太安元年

太安初，宇文莫圭遣弟屈雲寇邊城，雲別帥大素延攻掠諸部，廆親擊敗之。素延怒，率衆十萬圍棘城，衆咸懼，人無距志。廆曰："素延雖犬羊蟻聚，然軍無法制，已在吾計中矣。諸君但爲力戰，無所憂也。"乃躬貫甲胄，馳出擊之，素延大敗，追奔百里，俘斬萬餘人。

《晉書》卷一百八《載記第八·慕容廆》頁二八〇五

太安初，宇文莫圭遣弟屈雲寇邊城，雲別帥大素延攻掠諸部，廆親擊敗之。素延怒，率衆圍棘城，廆乃躬貫甲胄，馳出擊之，素延大敗，追奔百里，俘斬萬餘人。

《册府元龜》卷二二二《僭僞部·勳伐二》頁二六五六上

太安初，宇文莫圭遣弟屈雲寇邊城，雲別帥大素延攻掠諸部，廆親擊敗之。素延怒，率衆十萬圍棘城，衆咸懼，人無距志。廆曰："素延雖犬羊蟻聚，然軍無法制，已在吾計中矣。諸君但爲力戰，無所憂也。"乃躬貫甲胄，馳出擊之，素延大敗，追奔百里，俘斬萬餘人。

《册府元龜》卷二二七《僭僞部·謀略》頁二七〇三下

鮮卑宇文單于莫圭部衆强盛，遣其弟屈雲攻慕容廆，廆擊其別帥素怒延，破之。單，音襌。帥，所類翻。素怒延耻之，復發兵十萬，圍廆於棘城。復，扶又翻。廆衆皆懼，廆曰："素怒延兵雖多而無法制，已在吾算中矣，諸君但爲力戰，爲，于僞翻。無所憂也！"遂出擊，大破之，追奔百里，俘斬萬計。《考異》曰：《載記》作"素延"，下云"素延怒，率衆圍棘城"。按《燕書·紀傳》皆謂之"素怒延"，然則怒延是其名也。遼東孟暉，先没於宇文部，帥其衆數千家降於廆，帥，讀曰率。降，戶江翻。廆以爲建威將軍。

《資治通鑑》卷八十四《晉紀六·惠帝太安元年》頁二六七五至二六七六

太安初，宇文莫圭遣弟屈雲寇邊城，雲別帥大素延攻掠諸部，廆親擊敗之。素延怒，率衆十萬圍棘城，衆咸懼，人無距志。廆曰："素延雖犬羊蟻聚，然軍無法制，已在吾計矣。諸君但爲力戰，無所憂也。"乃躬貫甲冑，馳出擊之，素延大敗，追奔百里，俘斬萬餘人。

《通志》卷一百八十八《載記三·慕容廆》頁三〇一一中

大安初，宇文莫圭遣弟屈雲寇邊城。雲別帥大素延攻掠諸郡，廆親擊敗之。素延怒，率衆十萬圍棘城。衆咸懼，人無距志，廆曰："素延雖犬羊蟻聚，然軍無法制，已在吾計中矣。諸君但爲力戰，無所憂也。"乃躬貫甲冑，馳出擊之。素延大敗，追奔百里，俘斬萬餘人。

《十六國春秋輯補》卷二十三《前燕録一·慕容廆》頁一七六

公元三〇三年　西晉惠帝太安二年

于時朝廷昏亂，盜賊蜂起，浚爲自安之計，結好夷狄，以女妻鮮卑務勿塵，又以一女妻蘇恕延。

《晉書》卷三十九《列傳第九·王沈附王浚》頁一一四六

于時朝廷昏亂，盜賊蜂起，浚爲自安之計，結好夷狄，以女妻鮮卑務勿塵，又以一女妻蘇恕延。

《册府元龜》卷四五四《將帥部·專恣》頁五三八六下

安北將軍、都督幽州諸軍事王浚，以天下方亂，欲結援夷狄，乃以一女妻鮮卑段務勿塵，一女妻素怒延，妻，七細翻。宇文國有別帥曰素奴延。又表以遼西郡封務勿塵爲遼西公。爲王浚用段氏以攻成都王穎及石勒張本。

《資治通鑑》卷八十五《晉紀七·惠帝太安二年》頁二六九二

于時朝廷昏亂，盜賊蜂起，浚爲自安之計，結好夷狄，以女妻鮮卑務勿塵，又以一女妻蘇恕延。

《通志》卷一百二十一下《列傳三十四下·王浚》頁一八六九上

公元三一八年　東晉元帝太興元年

劉虎自朔方侵拓跋鬱律西部，虎徙朔方，見八十七卷懷帝永嘉四年。秋，七月，鬱律擊虎，大破之。虎走出塞，從弟路孤帥其部落降于鬱律。帥,讀曰率。降,戶江翻。於是鬱律西取烏孫故地,東兼勿吉以西,《唐書·北狄列傳》曰,黑水靺鞨,居肅慎地,亦曰挹婁,元魏謂之勿吉。《通鑑》蓋因魏收《魏書》書之。鬱律所取者,勿吉以西之地,未能兼勿吉也;徒河慕容、令支段氏及宇文部、高句麗,亦非鬱律所能制伏。士馬精強,雄於北方。

《資治通鑑》卷九十《晉紀十二·元帝太興元年》頁二八六〇至二八六一

公元三一九年　東晉元帝太興二年

時平州刺史、東夷校尉崔毖自以爲南州士望,意存懷集,而流亡者莫有赴之。毖意廆拘留,乃陰結高句麗及宇文、段國等,謀滅廆以分其地。太興初,三國伐廆,廆曰:"彼信崔毖虛說,邀一時之利,烏合而來耳。既無統一,莫相歸伏,吾今破之必矣。然彼軍初合,其鋒甚銳,幸我速戰。若逆擊之,落其計矣。靖以待之,必懷疑貳,迭相猜防。一則疑吾與毖譎而覆之,二則自疑三國之中與吾有韓魏之謀者,待其人情沮惑,然後取之必矣。"於是三國攻棘城,廆閉門不戰,遣使送牛酒以犒宇文,大言於衆曰:"崔毖昨有使至。"於是二國果疑宇文同於廆也,引兵而歸。宇文悉獨官曰:"二國雖歸,吾當獨兼其國,何用人爲!"盡衆逼城,連營三十里。廆簡銳士配皝,推鋒於前;翰領精騎爲奇兵,從旁出,直衝其營;廆方陣而進。悉獨官自恃其衆,不設備,見廆軍之至,方率兵距之。前鋒始交,翰已入其營,縱火焚之,其衆皆震擾,不知所爲,遂大敗,悉獨官僅以身免,盡俘其衆。於其營候獲皇帝玉璽三紐,遣長史裴嶷送于建鄴。崔毖懼廆之仇己也,使兄子燾僞賀庞。會三國使亦至請和,曰:"非我本意也,崔平州教我耳。"庞將廆示以攻圍之處,臨之以兵,曰:"汝叔父教三國滅我,何以詐來賀我乎?"廆懼,首服。庞乃遣廆歸説毖曰:"降者上策,走者下策也。"以兵隨之。毖與數十騎棄家室奔于高句麗,庞悉降其衆,徙廆及高瞻等于棘城,待以賓禮。

《晉書》卷一百八《載記第八·慕容廆》頁二八〇六至二八〇七

及悉獨官寇逼城下,外内騷動,廆問策於嶷,嶷曰:"悉獨官雖擁大衆,軍無號令,衆無部陣,若簡精兵乘其無備,則成擒耳。"廆從之,遂陷寇營。

《晉書》卷一百八《載記第八·慕容廆附裴嶷》頁二八一二

(崔)毖之與三國謀伐廆也,瞻固諫以爲不可,毖不從。及毖奔敗,瞻隨衆降于廆。

《晉書》卷一百八《載記第八·慕容廆附高瞻》頁二八一三

東晉初,前燕慕容廆胡罪切封略漸廣,據棘城。晉平州刺史、東夷校尉崔毖陰結高句麗及宇文、段國等,謀滅廆以分其地。太興初,三國伐廆,廆曰:"彼信崔毖虛説,邀一時之利,烏合而來耳。既無統一,莫相歸伏,吾今破之必矣。然彼軍初合,其鋒甚鋭,幸我速戰。若逆擊之,落其計矣。靖以待之,〔八三〕必懷疑貳,迭相猜防。一則疑吾與毖譎而覆之,〔八四〕

二則自疑三國之中與吾有韓魏之謀者,待其人情沮惑,然後取之必矣。"於是三國攻棘城,廆閉門不戰,遣使送牛酒以犒宇文,大言於衆曰:"崔毖昨有使至。"於是二國果疑宇文同於廆也,引兵而歸。宇文悉獨官曰:"二國雖歸,吾當獨兼其國,何用人爲。"盡衆逼城,連營三十里。廆簡鋭士配皝,音晃。推鋒於前;〔八五〕翰領精騎爲奇兵,從傍出,直衝其營;廆方陣而進。悉獨官自恃其衆,不設備,見廆軍之至,方率兵拒之。前鋒始交,翰已入其營,縱火焚之,衆遂大敗。皝、翰皆廆之子。

【校勘記】

〔八三〕靖以待之 "靖"原作"静",據《晉書·慕容廆載記》二八〇六頁及北宋本、傅校本、明刻本、王吳本改。

〔八四〕疑吾與毖譎而覆之 "覆"原訛"復",據《晉書·慕容廆載記》二八〇七頁及北宋本、傅校本、明刻本、王吳本改。

〔八五〕廆簡鋭士配皝推鋒於前 "配"原訛"令","推"原作"摧",據《晉書·慕容廆載記》二八〇七頁及北宋本、傅校本、明抄本、明刻本、王吳本改。

《通典》卷第一百六十一《兵十四·多方誤之》頁四一五一至四一五二、四一六二

又《載記》曰:前燕慕容廆封略漸廣,廆,胡罪切。據棘城。晉平州刺史、東夷校尉崔毖陰結高勾麗毖,音秘。及宇文、段回等謀滅廆,以分其地。遂同伐廆,廆曰:"彼信崔毖虚説,邀一時之利,烏合而來耳。既無統一,莫相歸伏,吾今破之必矣。然彼軍初合,其鋒甚鋭,幸我速戰。若逆擊之,落其計矣。靖

以待之，必懷疑貳，迭相猜防。一則疑吾與廆譎而覆之，二則自疑三國之中與吾有韓、魏之謀者，待其人情沮惑，然後取之矣。"於是三國攻棘城，廆閉門不戰，遣使送牛酒以犒宇文，大言於衆曰："崔毖昨有使至。"於是二國果疑宇文同於廆也，引兵而歸。宇文悉獨官曰："二國雖歸，吾當獨兼其國。"盡衆逼城，連營三十里。廆簡銳士配子皝，推鋒於前，皝，音晃。子翰領精騎爲奇兵，從傍出，直衝其營；廆方陣而進。悉獨官自恃其衆，不設備，見廆軍之至，方率兵拒之。前鋒始交，翰已入其營，縱火焚之，衆遂大敗。

《太平御覽》卷二八六《兵部一七·機略五》頁一三二三下至一三二四上

其後平州刺史、東夷校尉崔毖陰結高句驪及宇文、段國等，謀滅廆以分其地。元帝大興初，三國伐廆，廆以計間之，二國引兵而歸。唯宇文悉獨官攻之，盡衆逼城，連營三十里。廆簡銳士配世子皝，推鋒於前；庶長子翰領精騎爲奇兵，從旁出，直衝其營，廆方陣而進。悉獨官乃自恃其衆，不設備，見廆軍之至，方率兵拒之。前鋒始交，翰已入其營，縱火焚之，其衆皆震擾，不知所爲，遂大敗，悉獨官僅以身免，盡俘其衆。

《册府元龜》卷二二二《僭僞部·勳伐二》頁二六五六下

時平州刺史、東夷校尉崔毖自以爲南州士望，意存懷集，而流亡者莫有赴之。毖意廆拘留，乃陰結高句驪及宇文、段國等，謀滅廆以分其地。元帝大興初，三國伐廆，廆曰："彼信崔毖虛說，邀一時之利，烏合而來耳。既無統一，莫相歸伏，吾今破之必矣。彼軍初合，其鋒甚銳，幸我速戰。若逆繫之，落其計矣。靖以待之，必懷疑貳，迭相猜防。一則疑吾與廆譎而覆之，二則自疑三國之中與吾有韓魏之謀者，待其人情沮惑，然後取之必矣。"於是三國攻棘城，廆閉門不戰，遣使送牛酒以犒宇文，大言於衆曰："崔毖昨有使至。"於是二國果疑宇文同於廆也，引兵而歸。廆簡銳士配世子皝，推鋒於前；次子翰領精騎爲奇兵，從旁出，直衝其營，大敗之，宇文悉獨官僅以身免，盡俘其衆於其營。

《册府元龜》卷二二七《僭僞部・謀略》頁二七○三下至二七○四上

平州刺史崔毖，自以中州人望，鎮遼東，毖，崔琰之曾孫。琰在魏時，爲冀州人士之首，子孫遂爲冀州冠族。毖，音秘。而士民多歸慕容廆，廆，户罪翻。心不平。數遣使招之，皆不至，數，所角翻。意廆拘留之，乃陰説高句麗、段氏、宇文氏，使共攻之，説，輸芮翻。句，音如字，又音駒。麗，力知翻。約滅廆，分其地。毖所親勃海高瞻力諫，毖不從。

三國合兵伐廆，諸將請擊之，廆曰："彼爲崔毖所誘，欲邀一切之利。軍勢初合，其鋒甚銳，不可與戰，當固守以挫之。彼烏合而來，飛烏見食，群集而聚啄之，人或驚之，則四散飛去；故兵以利合無所統一者，謂之烏合。既無統壹，莫相歸服，久必攜貳，一則疑吾與毖詐而覆之，二則三國自相猜忌。待其人情離貳，然後擊之，破之必矣。"

三國進攻棘城，廆閉門自守，遣使獨以牛酒犒宇文氏；使，疏吏翻。犒，苦告翻。二國疑宇文氏與廆有謀，各引兵歸。

《兵法》所謂合則能離之，慕容廆有焉。宇文大人悉獨官曰："二國雖歸，吾當獨取之。"

宇文氏士卒數十萬，連營四十里。廆使召其子翰於徒河。翰自愍帝建興元年鎮徒河。翰遣使白廆曰："悉獨官舉國爲寇，彼衆我寡，易以計破，難以力勝。今城中之衆，足以禦寇，翰請爲奇兵於外，伺其間而擊之，間，古莧翻；下同。內外俱奮，使彼震駭不知所備，破之必矣。今并兵爲一，彼得專意攻城，無復他虞，虞，防也，備也。復，扶又翻；下同。非策之得者也；且示衆以怯，恐士氣不戰先沮矣。"沮，在呂翻。廆猶疑之。遼東韓壽言於廆曰："悉獨官有憑陵之志，將驕卒惰，軍不堅密，若奇兵卒起，卒，讀曰猝。掎其無備，必破之策也。"掎，舉綺翻。偏引曰掎，又從後牽曰掎。廆乃聽翰留徒河。

悉獨官聞之曰："翰素名驍果，驍，堅堯翻。今不入城，或能爲患，當先取之，城不足憂。"乃分遣數千騎襲翰。翰知之，詐爲段氏使者，逆於道曰："慕容翰久爲吾患，聞當擊之，吾已嚴兵相待，宜速進也。"使者既去，翰即出城，設伏以待之。宇文氏之騎見使者，大喜馳行，不復設備，進入伏中。翰奮擊，盡獲之，乘勝徑進，遣間使語廆出兵大戰。投間隙而行，故謂之間使。間，古莧翻。廆使其子皝與長史裴嶷將精銳爲前鋒，皝，呼廣翻。自將大兵繼之。悉獨官初不設備，聞廆至，驚，悉衆出戰。前鋒始交，翰將千騎從旁直入其營，縱火焚之，將，即亮翻。衆皆惶擾，不知所爲，遂大敗，悉獨官僅以身免。廆盡俘其衆，獲皇帝玉璽三紐。皇帝璽，即宇文大人普回出獵所得者。璽，斯氏翻。

崔毖聞之，懼，使其兄子燾詣棘城僞賀。會三國使者亦至,請和,曰:"非我本意,崔平州教我耳。"廆以示廆,臨之以兵,廆懼,首服。首,式救翻。廆乃遣廆歸謂毖曰:"降者上策,走者下策也。"引兵隨之。毖與數十騎棄家奔高句麗,其衆悉降於廆。降,戶江翻。廆以其子仁爲征虜將軍,鎭遼東,爲仁以遼東與皝爭國張本。官府、市里,按堵如故。

《資治通鑑》卷九十一《晉紀十三·元帝太興二年》頁二八七二至二八七四

時平州刺史、東夷校尉崔毖自以爲南州士望,意存懷集,而流亡者莫有赴之。毖意廆拘留,乃陰結高句驪及宇文、段國等,謀滅廆以分其地。太興初,三國伐廆,廆曰:"彼信崔毖虛說,邀一時之利,烏合而來耳。既無統一,莫相歸伏,吾今破之必矣。然彼軍初合,其鋒甚銳,幸我速戰。若逆擊之,落其計矣。靖以待之,必懷疑貳,迭相猜防。一則疑吾與毖譎而覆之,二則自疑三國之中與吾有韓魏之謀者,待其人情沮惑,然後取之必矣。"於是三國攻棘城,廆閉門不戰,遣使送牛酒以犒宇文,大言於衆曰:"崔毖昨有使至。"於是二國果疑宇文同於廆也,引兵而歸。宇文悉獨官曰:"二國雖歸,吾當獨兼其國,何用人爲!"盡衆逼城,連營三十里。廆簡銳士配皝,推鋒於前;翰領精騎爲奇兵,從旁出,直衝其營;廆方陣而進。悉獨官自恃其衆,不設備,見廆軍之至,方率兵距之。前鋒始交,翰已入其營,縱火焚之,其衆皆震擾,不知所爲,遂大敗,悉獨官僅以身免,盡俘其衆。於其營候獲皇帝玉璽三紐,遣長史裴嶷送于建鄴。崔毖懼廆之仇己也,使兄子燾僞賀廆。會三國使亦至請和,曰:"非我本意,崔平州教我耳。"廆將毖示以攻圍之處,臨之以兵,曰:"汝叔父教二國滅我,何以詐來賀我乎?"毖懼,首服。廆乃遣毖歸説崟曰:"降者上策,走者下策也。"以兵隨之。崟與數十騎棄家室奔于高句麗,廆悉降其衆,徙燾及高瞻等于棘城,待以賓禮。

《通志》卷一百八十八《載記三·慕容廆》頁三〇一一下至三〇一二上

及悉獨官寇逼城下,內外騷動,廆問策於巖,巖曰:"悉獨官雖擁大衆,軍無號令,衆無部伍,但當伺其無備,則成擒耳。"廆從之,遂陷寇營。

《通志》卷一百八十八《載記三·慕容廆附裴巖》頁三〇一八下

(崔)毖之與三國謀伐廆也,瞻固諫以爲不可,毖不從。及毖奔敗,瞻隨衆降于廆。

《通志》卷一百八十八《載記三·慕容廆附高瞻》頁三〇一九上

大興二年平州刺史崔毖時平州與遼東郡同治襄平,今遼東都司城北七十里故城是也。搆高句麗、高句麗時國於樂浪之丸都,今朝鮮王京東北有丸都故城。段氏、宇文氏鮮卑宇文氏國於遼西紫蒙川,在今柳城西境。共攻廆,廆以計先却高句麗、段氏之兵,乃擊宇文氏,大破之,遂引兵擊毖於遼東,毖遁去,廆使其子仁鎮遼東。

《讀史方輿紀要》卷三《歷代州域形勢三》頁一二三

時平州刺史、東夷校尉崔毖自以南州士望,意存懷集,而流亡者莫有赴之。毖意廆拘留,乃陰結高句驪及宇文、段國等,謀滅廆以分其地。太興初,三國伐廆。廆曰:"彼信崔毖虛說,邀一時之利,烏合而來耳。既無統一,莫相歸服,吾今破之必矣。然彼軍初合,其鋒甚銳,幸我速戰,若逆擊之,落其計矣。靖以待之,必懷疑貳,迭相猜防,一則疑吾與毖譎而覆之,二則自疑三國之中與吾有韓魏之謀者。待其人情阻惑,然後取之必矣。"於是三國攻棘城,廆閉門不戰。遣使送牛酒以犒宇文,大言於衆曰:"崔毖昨有使至。"於是二國果疑宇文同於廆也,引兵而歸。宇文悉獨官曰:"二國雖歸,吾當獨兼其國,何用人爲。"盡衆逼城,連營三十里。廆簡銳士配皝,推鋒於前,翰領精騎爲奇兵,從傍出,直衝其營,廆方陣而進。悉獨官自恃其衆,不設備,見廆軍之至,方率兵距之。前鋒始交,翰已入其營,縱火焚之,其衆皆震擾,不知所爲,遂大敗,悉獨官僅以身免,盡俘其衆。於其營候獲皇帝玉璽三紐,遣長史裴嶷送於建鄴。崔毖懼廆之仇己也,使兄子燾僞賀廆。會三國使亦至請和,曰:"非我本意也,崔平州教我耳。"廆將燾示以攻圍之處,臨之以兵,曰:"汝叔父教三國滅我,何以詐來賀我乎?"燾懼,首服。廆乃遣燾歸說毖曰:"降者上策,走者下策也。"以兵隨之。毖與數十騎弃家室奔於高句麗,廆悉降其衆,徙燾及高瞻等於棘城,待以賓禮。

《十六國春秋輯補》卷二十三《前燕錄一‧慕容廆》頁一七八至一七九

及悉獨官寇逼城下,外內騷動,廆問策於嶷,嶷曰:"悉獨官雖擁大衆,軍無號令,衆無部陣。若簡精兵,乘其無備,則成擒耳。"廆從之,遂陷寇營。

《十六國春秋輯補》卷二十三《前燕録一·慕容廆附裴嶷》頁一八二

(崔)毖之與三國謀伐廆也,瞻固諫以爲不可,毖不從。及毖奔敗,瞻隨衆降於廆。

《十六國春秋輯補》卷二十三《前燕録一·慕容廆附高瞻》頁一八三

公元三二〇年　東晉元帝太興三年

及平宇文悉獨官,俘其衆,獲皇帝玉璽三紐,遣長史裴嶷送建鄴。

《册府元龜》卷二三二《僭僞部·稱藩》頁二七五九下

公元三二五年　東晉明帝太寧三年　後趙明帝七年[①]

石勒遣使通和,廆距之,送其使於建鄴。勒怒,遣宇文乞得龜擊廆,廆遣皝距之。以裴嶷爲右部都督,率索頭爲右翼,命其少子仁自平郭趣柏林爲左翼,攻乞得龜,克之,悉虜其衆。乘勝拔其國城,收其資用億計,徙其人數萬户以歸。

《晉書》卷一百八《載記第八·慕容廆》頁二八〇八

[①]《魏書》卷一〇三《宇文莫槐列傳》載其事在北魏惠帝三年,即公元三二三年,然《通鑑》、屠本《十六國春秋》等繫之於公元三二五年,此處仍有爭議。

石勒遣使通和，廆距之，送其使於建業。勒怒，遣宇文乞得龜擊廆，廆遣皝拒之。以裴嶷爲右部都，率索頭爲右翼，命其少子仁自平郭趣伯林爲左翼，攻乞得龜，克之，悉虜其衆。乘勝拔其國城，收其資用億計，徙其人數萬户以歸。

《册府元龜》卷二二二《僭僞部·勳伐二》頁二六五六下

　　後趙王勒加宇文乞得歸官爵，使之擊慕容廆。以元年廆執其使送建康也。廆，户罪翻。廆遣世子皝、索頭、段國共擊之，皝，呼廣翻。索頭，即拓跋氏。索，昔各翻。以遼東相裴嶷爲右翼，慕容仁爲左翼。乞得歸據澆水以拒皝，澆水，即澆洛水也。嶷，魚力翻。澆，古堯翻。遣兄子悉拔雄拒仁。《考異》曰：《燕書·征虜仁傳》作"悉拔堆"，《後魏書·宇文莫槐傳》作"乞得龜、悉拔堆"，《載記》亦作"龜"，《燕書·武宣紀》作"乞得歸、悉拔雄"，今從之。仁擊悉拔雄，斬之；乘勝與皝攻乞得歸，大破之。乞得歸棄軍走，皝、仁進入其國城，使輕兵追乞得歸，過其國三百餘里而還，盡獲其國重器，畜產以百萬計，民之降附者數萬。降，户江翻。

《資治通鑑》卷九十三《晉紀十五·明帝太寧三年》頁二九三三

　　石勒遣使通和，廆距之，送其使於建鄴。勒怒，遣宇文乞得龜擊廆，廆遣皝距之。以裴嶷爲右部都督，率索頭爲右翼，命其少子仁自平郭趣伯林爲左翼，攻乞得龜，克之，悉虜其衆。乘勝拔其國城，收其資用億計，徙其人數萬户以歸。

《通志》卷一百八十八《載記三·慕容廆》頁三〇一二上至三〇一二中

石勒遣使通和，廆距之，送其使於建鄴。勒怒，遣宇文乞得龜擊廆，廆遣躯距之。以裴嶷爲右部都督，率索頭爲右翼，命其少子仁自平郭趣伯林爲左翼，攻乞得龜，克之，悉虜其衆，乘勝拔其國城，收其資用億計，徙其人數萬户以歸。先是，海出大龜，枯死於平墩，遼東送之，侍郎王宏以爲宇文乞得龜滅亡之徵也。此節依《御覽》九百三十一引補。

《十六國春秋輯補》卷二十三《前燕録一·慕容廆》頁一七九

晉大寧三年，石勒遣宇文乞得歸侵慕容廆，廆遣世子皝等擊之。乞得歸據澆水拒皝，皝等大破之。澆水即饒樂水矣。

《讀史方輿紀要》卷十八《北直九》頁八四三

崔鴻《十六國春秋·前燕録》曰：海出大龜，枯死於平墩。遼東送之，侍郎王弘以爲宇文允得龜滅亡之徵也。

《太平御覽》卷九三一《鱗介部三·龜》頁四一三八上

公元三二七年　東晉成帝咸和二年

時烈帝居於舅賀蘭部，帝遣使求之，賀蘭部帥藹頭，擁護不遣。帝怒，召宇文部并勢擊藹頭。宇文衆敗，帝還大寧。

《魏書》卷一《序紀第一》頁一〇

時平文帝長子烈帝居於舅賀蘭部，帝遣使求之，賀蘭部帥藹頭擁護不遣。帝怒，召宇文部并力擊藹頭。宇文衆敗，帝還大寧。

《北史》卷一《魏本紀第一·煬帝》頁六

代王鬱律之子翳槐居於其舅賀蘭部,紇那遣使求之,賀蘭大人藹頭擁護不遣。紇那與宇文部共擊藹頭,不克。

《資治通鑑》卷九十三《晉紀十五·成帝咸和二年》頁二九四八

時平文帝長子烈帝居於舅賀蘭部,帝遣使求之,賀蘭部帥藹頭擁護不遣。帝怒,召宇文部并力擊藹頭。宇文衆敗,帝還大寧。

《通志》卷十五上《後魏紀十五上·煬皇帝》頁二七〇中

公元三二九年　東晉成帝咸和四年

帝出居於宇文部。賀蘭及諸部大人,共立烈帝。

《魏書》卷一《序紀第一》頁一一

帝出居於宇文部,賀蘭及諸部大人共立烈帝。

《北史》卷一《魏本紀第一·煬帝》頁六

出居於宇文部,賀蘭及諸部大人共立烈帝。

《太平御覽》卷一〇一《皇王部二六·後魏諸帝》頁四八二下

出居於宇文部,賀蘭及諸部大人共立平文帝長子翳槐,是爲烈帝。

  《册府元龜》卷一《帝王部·帝系》頁一一上

  是歲,賀蘭部及諸大人共立拓拔翳槐爲代王,賀蘭部擁護翳槐,見上卷咸和二年。代王紇那奔宇文部。《後周書》言宇文之先出自炎帝,炎帝爲黄帝所滅,其子孫遁居朔野。後有大人普回,因狩得玉璽,文曰:"皇帝璽",普回以爲天授。其俗謂天子曰"宇文",故國號宇文,因以爲氏。余謂此蓋宇文氏既興於關西,其臣子爲之緣飾耳。李延壽曰:宇文部出遼東塞外,其先南單于之遠屬也,世爲東部大人。此言爲得其實。

  《資治通鑑》卷九十四《晉紀十六·成帝咸和四年》頁二九七三

  帝出居於宇文部,賀蘭及諸部大人共立烈帝。

  《通志》卷十五上《後魏紀十五上·煬皇帝》頁二七〇中

公元三三二年　東晉成帝咸和七年
後趙明帝建平三年

  時高句麗、肅慎致其楛矢,宇文屋孤並獻名馬于勒。

  《晉書》卷一百五《載記第五·石勒下》頁二七四七

  勒因饗高句麗、宇文屋孤使,酒酣,謂徐光曰:"朕方自古開基何等主也?"

  《晉書》卷一百五《載記第五·石勒下》頁二七四九

後趙石勒僭即帝位,因饗高句麗、宇文屋孤使,酒酣,謂中書令徐光曰:"朕方自古開基何等主也?"

《册府元龜》卷二三三《僭偽部·矜大》頁二七七三上

時高句麗、肅慎致其楛矢,宇文屋孤並獻名馬于勒。

《通志》卷一百八十七《載記二·石勒》頁二九九八中

勒因饗高句麗、宇文屋孤使,酒酣,謂徐光曰:"朕方自古開基何等主也?"

《通志》卷一百八十七《載記二·石勒》頁二九九八下

時高句麗、肅慎致其楛矢,宇文屋孤並獻名馬於勒。

《十六國春秋輯補》卷十五《後趙錄五·石勒》頁一一一

勒因饗高句麗、宇文屋孤使。大饗於建德殿,酒酣,謂徐光曰:"朕方自古開基何等主也?"

《十六國春秋輯補》卷十五《後趙錄五·石勒》頁一一二

公元三三三年　東晉成帝咸和八年

廆卒,嗣位,以平北將軍行平州刺史,督攝部内。尋而宇文乞得龜爲其別部逸豆歸所逐,奔死於外,皝率騎討之,逸豆歸懼而請和,遂築榆陰、安晉二城而還。

《晉書》卷一百九《載記第九·慕容皝》頁二八一五

(慕容)仁於是盡有遼左之地,自稱車騎將軍、平州刺史、遼東公。宇文歸、段遼及鮮卑諸部並爲之援。

《晉書》卷一百九《載記第九·慕容皝》頁二八一六

尋而宇文乞得龜爲別部逸豆歸所逐,奔死於外,皝率騎討之,逸豆歸懼而請和,遂築榆陰、安晉二城而還。

《册府元龜》卷二二二《僭僞部·勳伐二》頁二六五七上

宇文乞得歸爲其東部大人逸豆歸所逐,走死于外。慕容皝引兵討之,軍于廣安;廣安,在棘城之北。逸豆歸懼而請和,遂築榆陰、安晉二城而還。榆陰城,蓋在大榆河之陰;安晉城,在威德城東南。

《資治通鑑》卷九十五《晉紀十七·成帝咸和八年》頁二九八七

廆卒,嗣位,以平北將軍行平州刺史,督攝部内。尋而宇文乞得龜爲別部逸豆歸所逐,奔死于外,皝率騎討之,逸豆歸懼而請和,遂築榆陰、安晉二城而還。

《通志》卷一百八十八《載記三·慕容皝》頁三〇一二中

(慕容)仁於是盡有遼左之地,自稱車騎將軍、平州刺史、遼東公。宇文歸、段遼及鮮卑諸部並爲之援。

《通志》卷一百八十八《載記三·慕容皝》頁三〇一二下

廆卒,咸和八年六月,即遼公位,以平北將軍行平州刺史,督攝部内。尋而宇文乞得龜爲其別部逸豆歸所逐,奔死於外,翩率騎討之。逸豆歸懼而請和,遂築榆陰、安晉二城而還。

《十六國春秋輯補》卷二十四《前燕録二·慕容皝》頁一八五

(慕容)仁於是盡有遼左之地,自稱車騎將軍、平州刺史、遼東公。宇文歸、段遼及鮮卑諸部並爲之援。

《十六國春秋輯補》卷二十四《前燕録二·慕容皝》頁一八五

公元三三五年　東晉成帝咸康元年

咸康初,遣封弈襲宇文別部涉奕于,〔二〕大獲而還。涉奕于率騎追戰于渾水,又敗之。

【校勘記】

〔二〕涉奕于　《通鑑》九七"涉奕于"作"涉夜干"。"奕""夜"譯音之異,"于""干"二字常相混,不知孰是。下不再出校。

《晉書》卷一百九《載記第九·慕容皝》頁二八一六、二八二九

咸康初,遣封奕襲宇文別部涉奕于,大獲而還。涉奕于率騎追戰于渾水,又敗之。

《通志》卷一百八十八《載記三·慕容皝》頁三〇一二下

遣封弈襲宇文別部涉奕于,大獲而還。涉奕于追戰於渾

水,又敗之。
《十六國春秋輯補》卷二十四《前燕錄二·慕容皝》頁一八六

煬帝自宇文部還入,諸部大人復奉之。
《魏書》卷一《序紀第一》頁一一

於是煬帝自宇文部還入,諸部大人復奉之。
《北史》卷一《魏本紀第一·烈帝》頁七

代王紇那自宇文部入,諸部復奉之。紇那出奔見上卷咸和四年。復,扶又翻。翳槐奔鄴,趙人厚遇之。
《資治通鑑》卷九十五《晉紀十七·成帝咸康元年》頁三〇〇四

於是煬帝自宇文部還入,諸部大人復奉之。
《通志》卷十五上《後魏紀十五上·烈皇帝》頁二七〇中

段氏、宇文氏各遣使詣慕容仁,館于平郭城外。皝帳下督張英將百餘騎間道潛行掩擊之,間,古莧翻。斬宇文氏使十餘人,生擒段氏使以歸。
《資治通鑑》卷九十五《晉紀十七·成帝咸康元年》頁三〇〇四

公元三三六年　東晉成帝咸康二年

段遼遣其將李詠夜襲武興，遇雨，引還，都尉張萌追擊，擒詠。段蘭擁衆數萬屯于曲水亭，將攻柳城，宇文歸入寇安晉，爲蘭聲援。皝以步騎五萬擊之，師次柳城，蘭、歸皆遁。遣封弈率輕騎追擊，敗之，收其軍實，館穀二旬而還。謂諸將曰："二虜恥無功而歸，必復重至，宜於柳城左右設伏以待之。"遣封弈率騎潛于馬兜山諸道。俄而遼騎果至，弈夾擊，大敗之，斬其將榮保。遣兼長史劉斌、郎中令陽景送徐孟等歸于京師。使其世子儁伐段遼諸城，封弈攻宇文別部，皆大捷而歸。

《晉書》卷一百九《載記第九·慕容皝》頁二八一七

段遼弟蘭擁衆數萬屯于曲水亭，將攻柳城，宇文歸寇安晉，爲蘭聲援。皝以步騎五萬擊之，師次柳城，蘭、歸皆遁。遣封奕率輕騎追擊，敗之，收其軍實，館穀二旬而還。謂諸將曰："二虜恥無功而歸，必復重至，宜於柳城左右設伏以待之。"遣封奕率騎潛于馬兜山諸道。俄而遼騎果至，奕夾擊，大敗之，斬其將榮保。遣兼長史劉斌、郎中令陽景送徐孟歸于京師。

《册府元龜》卷二二二《僭僞部·勳伐二》頁二六五七上

夏，六月，段遼遣中軍將軍李詠襲慕容皝。詠趣武興，武興城，在令支東。都尉張萌擊擒之。遼別遣段蘭將步騎數萬屯柳城西回水，"回水"，《載記》作"曲水"。《水經注》：陽樂水出上谷且居縣,東北流,逕女祁縣,世謂之橫水,又謂之陽曲水。又濡河從塞外來,西北逕禦夷鎮城,又東北逕孤山南,又東南,水流回曲,謂之曲河鎮。又據《載記》,曲水當在好城西北。將,即亮翻。騎,奇寄翻。宇文逸豆歸攻安晉以爲蘭聲援。皝帥步騎五萬向柳城,蘭不戰而遁。皝引兵北趣安晉,咸安八年,皝築安晉城。趣,七喻翻。逸豆歸棄輜重走;重,直用翻。皝遣司馬封奕帥輕騎追擊,大破之。皝謂諸將曰:"二虜恥無功,必將復至,復,扶又翻。宜於柳城左右設伏以待之。"乃遣封奕帥騎數千伏於馬兜山。三月,【張:"三月"作"七月"。】段遼果將數千騎來寇抄。抄,楚交翻。奕縱擊,大破之,斬其將榮伯保。

《資治通鑑》卷九十五《晉紀十七·成帝咸康二年》頁三〇〇六

段遼遣其將李詠夜襲興國,遇雨,引還,都尉張萌追擊,擒詠。段蘭擁衆數萬屯于曲水亭,將攻柳城,宇文歸入寇安晉,爲蘭聲援。皝以步騎五萬擊之,師次柳城,蘭、歸皆遁。遣封奕率輕騎追擊,敗之,收其軍實,館穀二旬而還。謂諸將曰:"二虜恥無功而歸,必復重至,宜於柳城左右設伏以待之。"遣封奕率騎潛于馬兜山諸道。俄而遼騎果至,奕夾擊,大敗之,斬其將榮保。遣兼長史劉斌、郎中令陽景送徐孟等歸于京師。使其世子儁伐段遼諸城,封奕攻宇文別部,皆大捷而歸。

《通志》卷一百八十八《載記三·慕容皝》頁三〇一二下至三〇一三上

回水，在營州西南。晉延康二年，〔一四〕段遼遣將李詠襲慕容皝，趨武興，又遣段蘭屯柳城西回水，宇文逸豆歸攻安晉爲蘭聲援，皆爲皝所敗。或曰回水亦名曲水。

【校勘記】

〔一四〕晉延康二年　晉代諸帝無年號爲延康者，段遼遣將李詠襲慕容皝事在晉咸康二年，《晉書》卷一〇九《慕容皝載記》及《通鑑》卷九五《晉紀》一七俱有記載，此"延康"當是"咸康"之誤。

《讀史方輿紀要》卷十八《北直九》頁八四四、八六五

段遼遣其將李詠夜襲武興，遇雨引還。都尉張萌追擊，擒詠。段蘭擁衆數萬屯於曲水亭，將攻柳城。宇文歸入寇安晉，爲蘭聲援。皝以步騎五萬擊之，師次柳城。蘭、歸皆遁。遣封弈率輕騎追擊，敗之。收其軍實，館穀二旬而還。謂諸將曰："二虜恥無功而歸，必復重至。宜於柳城左右設伏以待之。"遣封弈率騎潛於馬兜山諸道。俄而遼騎果至，弈夾擊，大敗之，斬其將榮保，遣兼長史劉斌、郎中令陽景送徐孟等歸於京師。使其世子儁伐段遼諸城，封弈攻宇文別部，皆大捷而歸。

《十六國春秋輯補》卷二十四《前燕録二·慕容皝》頁一八六至一八七

公元三三八年　東晉成帝咸康四年　前燕文明帝五年

初，段遼之敗也，建威翰奔于宇文歸……

《晉書》卷一百九《載記第九·慕容皝》頁二八二一

及遼奔走,翰又北投宇文歸。

《晉書》卷一百九《載記第九·慕容皝附慕容翰》頁二八二七

皝既嗣位,翰北投宇文歸。

《册府元龜》卷八四六《總錄部·善射》頁一〇〇四二上至一〇〇四二下

(慕容)翰北奔宇文氏。

《資治通鑑》卷九十六《晉紀十八·成帝咸康四年》頁三〇一五

初,段遼之敗也,建威翰奔于宇文歸。

《通志》卷一百八十八《載記三·慕容皝》頁三〇一三中

及遼奔走,翰又北投宇文歸。

《通志》卷一百八十八《載記三·慕容皝附慕容翰》頁三〇一九中

初段遼之敗也,建威翰奔於宇文歸。

《十六國春秋輯補》卷二十四《前燕錄二·慕容皝》頁一八八

及遼奔走,翰又北投宇文歸。

《十六國春秋輯補》卷二十五《前燕錄三·慕容皝附慕容翰》頁一九七

公元三三九年　東晉成帝咸康五年　前燕文明帝六年

（慕容）皝擊高句麗，兵及新城，新城，高句麗之西鄙，西南傍山，東北接南蘇、木底等城。句，如字，又音駒。麗，力知翻。高句麗王釗乞盟，乃還。又使其子恪、霸擊宇文別部。霸年十三，勇冠三軍。冠，古玩翻。

《資治通鑑》卷九十六《晉紀十八·成帝咸康五年》頁三〇三六

公元三四〇年　東晉成帝咸康六年　前燕文明帝七年

（慕容翰）自以威名夙振，終不保全，乃陽狂恣酒，被髮歌呼。歸信而不禁，故得周遊自任，至於山川形便，攻戰要路，莫不練之。皝遣商人王車陰使察翰，翰見車無言，撫膺而已。車還以白，皝曰："翰欲來也。"乃遣車遺翰弓矢，翰乃竊歸駿馬，攜其二子而還。

《晉書》卷一百九《載記第九·慕容皝》頁二八二一

既而逃，皝乃遣勁騎百餘追之。翰遙謂追者曰："吾既思戀而歸，理無反面。吾之弓矢，汝曹足知，無爲相逼，自取死也。吾處汝國久，恨不殺汝。汝可百步豎刀，吾射中者，汝便宜反；不中者，可來前也。"歸騎解刀豎之，翰一發便中刀鐶，追騎乃散。

《晉書》卷一百九《載記第九·慕容皝附慕容翰》頁二八二七

崔鴻《十六國春秋·燕錄》曰：建威翰奔還本國，有勁騎百餘追之。翰遥謂之曰："吾既思戀而歸，必無返面！吾之弧矢，汝曹知否？無爲相逼，自取死也！吾處汝國久矣，誓不殺汝。可百步豎刀，吾射中者，汝便宜返；不中者，可前也。"諸騎解刀豎之，翰發而中鐶，追騎乃散。

《太平御覽》卷七四四《工藝部一·射上》頁三三〇六上

既而逃，歸乃遣勁騎百餘追之，翰遥謂追者曰："吾既思戀而歸，理無反面，吾之弓矢汝曹足知，無爲相逼，自取死也。吾處汝國久，願不殺汝，汝可百步豎刀，吾射中者，汝便宜反，不中者，可來前也。"追騎解刀豎之，翰一發便中刀鐶，追騎乃散。

《册府元龜》卷八四六《總錄部·善射》頁一〇〇四二下

宇文逸豆歸忌慕容翰才名；翰乃陽狂酗飲，或卧自便利，便，毘連翻，溲也。利，下泄也。或被髮歌呼，拜跪乞食。被，皮義翻。宇文舉國賤之，不復省錄，省，察也，視也。錄，采也，收也，記也。省，悉景翻。以故得行來自遂，山川形便，皆默記之。行來，猶言往來也。燕王皝以翰初非叛亂，以猜嫌出奔，事見上卷咸和八年。雖在他國，常潛爲燕計；如牛尾谷之戰是也。乃遣商人王車通市於宇文部以窺翰。翰見車，無言，撫膺頷之而已。撫，擊也。膺，胸也。皝曰："翰欲來也。"復使車迎之。復，扶又翻；下同。翰彎弓三石餘，矢尤長大，皝爲之造可手弓矢，可手，便手也；言惟翰手可用耳。爲，于僞翻。使車埋於道旁而密告之。二月，翰竊逸豆歸名馬，攜其二子過取弓矢，逃歸。逸豆歸使驍騎百餘追之。驍，堅堯翻。騎，奇寄翻。翰曰："吾久客思歸，既得上馬，無復還理。吾曩日陽愚以誑汝，上，時掌翻。誑，居況翻。吾之故藝猶在，無爲相逼，自取死也！"追騎輕之，直突而前。翰曰："吾居汝國久悢悢，【章：十二行本作"恨恨"；乙十一行本同；孔本同；熊校同。】李陵《贈蘇武詩》：悢悢不能辭。呂向《注》曰：悢悢，相戀之情。不欲殺汝；汝去我百步立汝刀，吾射之，一發中者汝可還，不中者可來前。"追騎解刀立之，一發，正中其環；孔穎達曰：禮，進劍者左首。首，劍拊鐶也。《少儀》曰：澤劍首。鄭云：澤，弄也。推尋劍刃利，不容可弄，正是劍鐶也。又云：刀却刃授穎。鄭云：穎，鐶也。鐶，與環同。射，而亦翻。中，竹仲翻。追騎散走。皝聞翰至，大喜，恩遇甚厚。

《資治通鑑》卷九十六《晉紀十八·成帝咸康六年》頁三〇三六至三〇三七

（慕容翰）自以威名夙振，終不保全，乃陽狂恣酒，被髮歌呼。歸信而不禁，故得周游自任，至於山川形便，攻戰要路，莫不練之。皝遣商人王車陰使察翰，翰見車無言，撫膺而已。車還以白，皝曰："翰欲來也。"乃遣車遺翰弓矢，翰乃竊歸駿馬，攜其二子而還。

《通志》卷一百八十八《載記三·慕容皝》頁三〇一三中

既而逃歸，歸乃遣勁騎百餘追之。翰遙謂追者曰："吾既思戀而歸，理無反面。吾之弓矢，汝曹足知，無爲相逼，自取死也。吾處汝國久，恨不殺汝。汝可百步豎刀，吾射中者，汝便宜反；不中者，可來前也。"歸騎解刀豎之，翰一發便中刀環,追騎乃散。

《通志》卷一百八十八《載記三·慕容皝附慕容翰》頁三〇一九中

（慕容翰）自以威名夙振,終不保全,乃陽狂恣酒,被髮歌呼。皝信而不禁,故得周游自任,至於山川形便,攻戰要路,莫不練之。皝遣商人王車陰使察翰,翰見車無言,撫膺而已。車還以白,皝曰:"翰欲來也。"乃遣車遺翰弓矢,翰乃竊歸駿馬,攜其二子而還。

《十六國春秋輯補》卷二十四《前燕録二·慕容皝》頁一八八

既而奔還本國,皝乃遣勁騎百餘追之,翰謂追者曰:"吾既思戀而歸,理無反面。吾之弧矢,汝曹知否? 無爲相逼,自取死也。吾處汝國久矣,誓不殺汝,可百步豎刀,吾射中者,汝宜便返,不中者,可來前也。"諸騎解刀豎之,翰一發便中刀鐶,追騎乃散。此篇亦見《御覽》七百四十四。

《十六國春秋輯補》卷二十五《前燕録三·慕容皝附慕容翰》頁一九七至一九八

公元三四二年　東晉成帝咸康八年　前燕文明帝九年

建威將軍翰言於皝曰:"宇文强盛日久,屢爲國患。今逸豆歸篡竊得國,逸豆歸逐乙得歸,見九十五卷咸和八年。群情不附;加之性識庸闇,將帥非才,將,即亮翻。帥,所類翻。國無防衛,軍無部伍。臣久在其國,悉其地形;雖遠附强羯,强羯,謂趙也。

羯,居謁翻。聲勢不接,無益救援;今若擊之,百舉百克。然高句麗去國密邇,常有闚覦之志;句,如字,又音駒。麗,力知翻。闚,缺規翻,門中視也。覦,從門旁竇中視也,音俞。《韻釋》:闚覦,私視也。彼知宇文既亡,禍將及己,必乘虛深入,掩吾不備。若少留兵則不足以守,多留兵則不足以行。此心腹之患也,宜先除之;觀其勢力,一舉可克。宇文自守之虜,必不能遠來爭利。既取高句麗,還取宇文,如返手耳。返,當作反;下同。二國既平,利盡東海,國富兵强,無返顧之憂,然後中原可圖也。"皝曰:"善!"

《資治通鑑》卷九十七《晉紀十九·成帝咸康八年》頁三〇五〇

（慕容皝）率勁卒四萬,入自南陝,以伐宇文、高句麗,又使翰及子垂爲前鋒,遣長史王寓等勒衆萬五千,從北置而進。

《晉書》卷一百九《載記第九·慕容皝》頁二八二二

（慕容皝）率勁卒四萬,入自南陝,以伐宇文、高句麗,又使庶兄翰及子垂爲前鋒,遣長史王寓勒衆萬五千,從北置而進。

《册府元龜》卷二二二《僭僞部·勳伐二》頁二六五七下

率勁卒四萬,入自南陝,以伐宇文、高句麗,又使翰及子垂爲前鋒,遣長史王寓等勒衆萬五千,從北置而進。

《通志》卷一百八十八《載記三·慕容皝》頁三〇一三中

率勁卒四萬，入自南陝，以伐宇文、高句麗。又使翰及子垂爲前鋒，遣長史王寓等勒衆萬五千，從北道而進。

《十六國春秋輯補》卷二十四《前燕錄二·慕容皝》頁一九〇至一九一

公元三四三年　東晉康帝建元元年　後趙武帝建武九年　前燕文明帝十年

宇文歸遣其國相莫淺渾伐皝，諸將請戰，皝不許。渾以皝爲憚之，荒酒縱獵，不復設備。皝曰："渾奢怠已甚，今則可一戰矣。"遣翰率騎擊之，渾大敗，僅以身免，盡俘其衆。

《晉書》卷一百九《載記第九·慕容皝》頁二八二二

宇文歸遣其國相莫淺渾伐皝，皝遣翰擊之，渾大敗，僅以身免，盡俘其衆。

《册府元龜》卷二二二《僭僞部·勳伐二》頁二六五七下

宇文逸豆歸遣其相莫淺渾將兵擊燕；諸將爭欲擊之，相，息亮翻。將，即亮翻。燕王皝不許。莫淺渾以爲皝畏之，酣飲縱獵，不復設備。酣，户甘翻。復，扶又翻。皝使慕容翰出擊之，莫淺渾大敗，僅以身免，盡俘其衆。

《資治通鑑》卷九十七《晉紀十九·康帝建元元年》頁三〇五三

宇文歸遣其國相莫淺渾伐皝，諸將請戰，皝不許。渾以皝爲憚之，荒酒縱獵，不復設備。皝曰："渾奢怠已甚，今則可一戰矣。"遣翰率騎擊之,渾大敗,僅以身免,盡俘其衆。

《通志》卷一百八十八《載記三・慕容皝》頁三〇一三下

宇文歸遣其相國莫淺渾伐皝,諸將請戰,皝不許。渾以皝爲憚之,荒酒縱獵,不復設備。皝曰:"渾奢怠已甚,今則可一戰矣。"遣翰率騎擊之,渾大敗,僅以身免,盡俘其衆。

《十六國春秋輯補》卷二十五《前燕錄三・慕容皝》頁一九三

鎮北宇文歸執送段遼之子蘭降于季龍,〔一〇〕獻駿馬萬匹。

【校勘記】

〔一〇〕段遼之子蘭 《通鑑》九七"子"作"弟"。《慕容皝載記》亦稱"遼弟蘭",《北史・段就六眷傳》作"鬱蘭",亦云遼弟。疑作"弟"是。但本書《段匹䃅傳》作遼子,與此同。

《晉書》卷一百六《載記第六・石季龍上》頁二七七四、二七七九至二七八〇

宇文逸豆歸執段遼弟蘭,送於趙,段遼之敗,其弟蘭奔宇文部,逸豆歸今執以送趙。并獻駿馬萬匹。趙王虎命蘭帥所從鮮卑五千人屯令支。令,音鈴,又郎定翻。支,音祁。

《資治通鑑》卷九十七《晉紀十九・康帝建元元年》頁三〇五六

鎮北宇文歸執送段遼之子蘭降于虎,獻駿馬萬匹。

《通志》卷一百八十七《載記二·石虎》頁三〇〇三下

鎮北宇文歸執送段遼之子蘭降於季龍,獻駿馬萬匹。

《十六國春秋輯補》卷十七《後趙錄七·石虎》頁一三四

公元三四四年　東晉康帝建元二年　後趙武帝建武十年　前燕文明帝十一年

(慕容皝)又大破宇文,開地千里,〔一二〕徙其部民五萬餘家於昌黎。

【校勘記】

〔一二〕開地千里　諸本"開"作"闐"。殿本《考證》云:"《晉書·載記》卷一〇九皝當作"皝"伐宇文歸,遠遁漠北,開地原訛路,據《載記》改千餘里。此殆脫去'歸'字,並訛'開'爲'闐'也。"按"闐"字不可通,今據《載記》改。"宇文"是部族名,無"歸"字亦通。

《魏書》卷九十五《列傳第八十三·徒何慕容廆》頁二〇六〇、二〇八九

二月,慕容皝及鮮卑帥宇文歸戰于昌黎,歸衆大敗,奔于漠北。

《晉書》卷七《帝紀第七·康帝》頁一八六

尋又率騎二萬親伐宇文歸,以翰及垂爲前鋒。歸使其驍將涉奕于盡衆距翰,皝馳遣謂翰曰:"奕于雄悍,宜小避之,待

虜勢驕,然後取也。"翰曰:"歸之精銳,盡在於此,今若克之,則歸可不勞兵而滅。奕于徒有虛名,其實易與耳,不宜縱敵挫吾兵氣。"於是前戰,斬奕于,盡俘其衆,歸遠遁漠北。皝開地千餘里,徙其部人五萬餘落於昌黎,改涉奕于城爲威德城。行飲至之禮,論功行賞各有差。

《晉書》卷一百九《載記第九‧慕容皝》頁二八二二

親伐宇文歸,以翰及子垂爲前鋒。歸使其驍將涉奕于盡衆距翰,翰斬奕于,盡俘其衆,歸遠遁漠北。

《册府元龜》卷二二二《僭僞部‧勳伐二》頁二六五七下

後親伐宇文歸,盡俘其衆。

《册府元龜》卷二三〇《僭僞部‧褒賞》頁二七三二上

伐宇文歸,盡俘其衆。

《册府元龜》卷二三〇《僭僞部‧慶賜》頁二七三三下

二月,慕容皝及鮮卑帥宇文歸戰于昌黎,歸衆大敗,奔于漠北。

《通志》卷十下《晉紀十下‧康皇帝》頁二〇〇上

尋又率騎二萬親伐宇文歸,以翰及垂爲前鋒。歸使其驍將涉奕于盡衆距翰,皝急遣謂翰曰:"奕于雄悍,宜小避之,待虜勢驕,然後取也。"翰曰:"歸之精銳,盡在於此,今若克之,歸則不勞兵而滅。奕于徒有虛名,其實易與耳,不宜縱敵挫吾兵氣。"於是前戰,斬奕于,盡俘其衆,歸遠遁漠北。皝開地千餘里,徙其部人五萬餘落於昌黎,改涉奕于城爲威德城。行飲至之禮,論功行賞各有差。

《通志》卷一百八十八《載記三·慕容皝》頁三〇一三下

又率騎二萬親伐宇文歸,以翰及垂爲前鋒。歸使其驍將涉弈于盡衆距翰。皝馳遣謂翰曰:"弈于雄悍,宜小避之,待虜勢驕,然後取也。"翰曰:"歸之精銳盡於此,今若克之,則歸可不勞兵而滅。弈于徒有虛名,其實易與耳。不宜縱敵挫吾銳氣。"於是前戰,斬弈于,盡俘其衆,歸遠遁漠北。皝開地千餘里,徙其部人五萬餘落於昌黎,改涉于城爲威德城。行飲至之禮,論功行賞各有差。

《十六國春秋輯補》卷二十五《前燕錄三·慕容皝》頁一九三

建元二年,從皝討宇文歸,臨陣爲流矢所中,卧病積時。

《晉書》卷一百九《載記第九·慕容皝附慕容翰》頁二八二七

建元二年,從皝討宇文歸,臨陣爲流矢所中,卧病積時。

《通志》卷一百八十八《載記三·慕容皝附慕容翰》頁三〇一九中

建元二年,從皝討宇文歸,臨陣爲流矢所中,卧病積時。

《十六國春秋輯補》卷二十五《前燕錄三·慕容皝附慕容翰》頁一九八

東破高句麗,北滅宇文歸,皆豫其謀,皝甚器重之。
《晉書》卷一百九《載記第九·慕容皝附陽裕》頁二八二九

慕容皝僭即王位。以陽裕爲郎中令,遷大將軍左司馬,破高句麗、北滅宇文歸,皆豫其謀,皝甚器重之。
《冊府元龜》卷二二七《僭僞部·倚任》頁二七一〇上

東破高句麗,北滅宇文歸,皆豫其謀,皝甚器重之。
《通志》卷一百八十八《載記三·慕容皝附陽裕》頁三〇一九下

東破高句麗,北滅宇文歸,皆豫其謀,皝甚器重之。
《十六國春秋輯補》卷二十五《前燕錄三·慕容皝附陽裕》頁一九九

以滅宇文之功,封都鄉侯。
《晉書》卷一百二十三《載記第二十三·慕容垂》頁三〇七七

(慕容垂)以滅宇文之功,封都鄉侯。
《冊府元龜》卷二二三《僭僞部·勳伐三》頁二六六五上

以滅宇文之功,封都鄉侯。
《通志》卷一百九十一《載記六·慕容垂》頁三〇六七上

以滅宇文之功,封都鄉侯。
《十六國春秋輯補》卷四十二《後燕録一·慕容垂》頁三二九

燕王皝與左司馬高詡謀伐宇文逸豆歸,詡曰:"宇文強盛,今不取,必爲國患,伐之必克;然不利於將。"將,即亮翻。出而告人曰:"吾往必不返,然忠臣不避也。"於是皝自將伐逸豆歸。將,即亮翻;下同。以慕容翰爲前鋒將軍,劉佩副之;分命慕容軍、慕容恪、慕容霸及折衝將軍慕輿根將兵,三道並進。高詡將發,不見其妻,使人語以家事而行。語,牛倨翻。

逸豆歸遣南羅大涉夜干將精兵逆戰,南羅,城名。大,城大也。慕容既克宇文,改南羅城爲威德城。《考異》曰:《慕容皝載記》作"涉弈干"。今從《燕書》。皝遣人馳謂慕容翰曰:"涉夜干勇冠三軍,冠,古玩翻。宜小避之。"翰曰:"逸豆歸掃其國內精兵以屬涉夜干,屬,之欲翻。涉夜干素有勇名,一國所賴也;今我克之,其國不攻自潰矣。且吾孰知涉夜干之爲人,孰,與熟同。雖有虛名,實易與耳,不宜避之以挫吾兵氣。"遂進戰。翰自出衝陳,易,以豉翻。陳,讀曰陣。涉夜干出應之;慕容霸從傍邀擊,遂斬涉夜干。宇文士卒見涉夜干死,不戰而潰;燕軍乘勝逐之,遂克其都城。宇文國,都遼西紫蒙川。逸豆歸走死漠北,宇文氏由是散亡。皝悉收其畜產、資貨,徙其部衆五千餘落於昌黎,闢地千餘里。更命涉夜干所居城曰威德城,使弟彪戍之而還。高詡、劉佩皆中流矢卒。還,音旋。中,竹仲翻。卒,子恤翻。

詡善天文,皝嘗謂曰:"卿有佳書而不見與,何以爲忠盡!"詡曰:"臣聞人君執要,人臣執職。執要者逸,執職者勞。是以后稷播種，堯不預焉。占候、天文，晨夜甚苦，非至尊之所宜親，殿下將焉用之！"焉，於虔翻。皝默然。

初，逸豆歸事趙甚謹，貢獻屬路。屬，之欲翻。及燕人伐逸豆歸，趙王虎使右將軍白勝、并州刺史王霸自甘松出救之，甘松在濡源之東，突門嶺之西。比至，比，必寐翻。宇文氏已亡，因攻威德城，不克而還；慕容彪追擊，破之。

慕容翰之與宇文氏戰也，爲流矢所中，臥病積時不出。後漸差，差，楚懈翻，疾瘳也。於其家試騁馬。或告翰稱病而私習騎乘，疑欲爲變。燕王皝雖藉翰勇略，然中心終忌之，乃賜翰死。翰曰："吾負罪出奔，既而復還，翰出奔見九十五卷成帝咸和八年；還見上卷咸康六年。復，扶又翻。今日死已晚矣。然羯賊跨據中原，吾不自量，量，音良。欲爲國家蕩壹區夏；爲，于僞翻。夏，戶雅翻。此志不遂，没有遺恨，命矣夫！"飲藥而卒。《考異》曰：《三十國春秋》云："永和二年，九月，殺翰。"《燕書·翰傳》，"翰嘗臨陳，爲流矢所中，病臥，歲時不出入；後漸差，試馬。"按自討宇文後，翰未嘗預攻戰。自建元二年正月至永和二年九月，已踰年矣，《三十國春秋》恐誤。今從《載記·翰傳》。

《資治通鑑》卷九十七《晉紀十九·康帝建元二年》頁三〇五七至三〇五九

北滅宇文，建元二年皝擊滅宇文部。

　　《讀史方輿紀要》卷三《歷代州域形勢三》頁一二四

《載記》：咸康中慕容皝都龍城，改昌黎太守爲昌黎尹。又皝破宇文歸，徙其部人五萬餘落於昌黎。

　　《讀史方輿紀要》卷十八《北直九》頁八三一

威德城，在營州東北。東晉初遼西鮮卑宇文涉夜干之南羅城也，建元二年慕容皝并其地，改爲威德城。又有紫蒙城，在柳城西北紫蒙川，宇文氏國都也。慕容皝擊斬涉夜干，乘勝追逐，克其都城，逸豆歸走死，遂滅宇文氏，闢地千餘里。又有沙城，亦曰沙野，在龍城東北六百里。

《讀史方輿紀要》卷十八《北直九》頁八三四

廣安城，在故棘城北。晉咸和七年，慕容皝討宇文逸豆歸，軍于廣安，進築渝陰、安晉二城而還。胡氏曰："渝陰在渝河之陰，安晉城在威德城東南。"

《讀史方輿紀要》卷十八《北直九》頁八三四

突門嶺，在衛西南。其西有甘松陘。晉建元二年，慕容皝滅宇文部，石虎遣兵自甘松出救之，不及。

《讀史方輿紀要》卷十八《北直九》頁八四二

紫蒙川，在營州西北。《晉書・載記》："秦、漢之間東胡邑于紫蒙川。晉時南匈奴別部宇文氏國于此，爲慕容皝所滅。"

《讀史方輿紀要》卷十八《北直九》頁八四五

庫莫奚國之先，東部宇文之別種也。初爲慕容元真所破，遺落者竄匿松漠之間。①

《魏書》卷一百《列傳第八十八・庫莫奚》頁二二二二

―――――――

①慕容皝襲庫莫奚先人之具體時間未詳，因其出自於宇文部，故繫於其攻滅宇文歸之年。

奚本曰庫莫奚,其先東部胡宇文之別種也。初爲慕容晃所破,遺落者竄匿松漠之間。

《北史》卷九十四《列傳第八十二·奚》頁三一二六

庫莫奚,聞於後魏及後周。其先,東部鮮卑宇文之別種也。初爲慕容晃所破,遺落者竄匿松漠之間。其地在今柳城郡之北。

《通典》卷第二百《邊防十六·北狄七·庫莫奚》頁五四八四

《後魏書》曰:庫莫奚國之先,東部宇文別種也。初爲慕容元真所破,邑落竄匿於松漠之間。

《後周書》曰:庫莫奚,鮮卑之別種也。先爲慕容晃所破,竄於松漠之間。

《太平御覽》卷八〇一《四夷部二二·庫莫奚》頁三五五六下

庫莫奚者,本屬宇文部,與契丹同類而異種,其先皆爲燕王皝所破,徙居松漠之間。契丹國自西樓東去四十里,至真珠寨,又東行,地勢漸高,西望松林鬱然,數十里,遂入平川。契,欺訖翻。洪邁曰:契丹之讀如喫,惟《新唐書》有音。種,章勇翻。

《資治通鑑》卷一百七《晉紀二十九·孝武帝太元十三年》頁三三八四

庫莫奚聞於後魏及後周,其先東部鮮卑宇文之別種也。

初爲慕容廆所破,遺落者竄匿松漠之間。

《通志》卷二百《四夷傳七·北國下·庫莫奚》頁三二一三下

庫莫奚,其先東部鮮卑宇文之別種。初爲慕容皝所破,遺落者竄匿松漠之間。其地今柳城郡之北。

《文獻通考》卷三百四十四《四裔二十一·庫莫奚》頁二六九九下

既而慕容燕破之,析其部曰宇文,曰庫莫奚,曰契丹。契丹之名,昉見于此。

《遼史》卷六十三《表第一·世表》頁九四九

鮮卑葛烏菟之後曰普回。普回有子莫那,自陰山南徙,始居遼西。九世爲慕容晃所滅,〔二〕鮮卑衆散爲宇文氏,或爲庫莫奚,或爲契丹。

【校勘記】

〔二〕爲慕容晃所滅　據《晉書》一〇九《前燕載記》,"晃"應作"皝"。

《遼史》卷六十三《表第一·世表》頁九五一、九五七

公元三四五年　東晉穆帝永和元年
前燕文明帝十二年

及殿下繼統,南摧强趙,東兼高句麗,北取宇文,民歸慕容廆事見八十八卷愍帝建興元年;皝破趙事見上卷成帝咸康四年;破高麗見上卷咸康八年;取宇文見上康帝建元二年。拓地三千里,增民十

萬戶；是宜悉罷苑囿以賦新民，無牛者官賜之牛，不當更收重稅也。

《資治通鑑》卷九十七《晉紀十九·穆帝永和元年》頁三〇六三至三〇六四

句麗、百濟及宇文、段部之人，皆兵勢所徙，非如中國慕義而至，咸有思歸之心。今戶垂十萬，狹湊都城，恐方將爲國家深害，宜分其兄弟宗屬，徙于西境諸城，撫之以恩，檢之以法，使不得散在居人，知國之虛實。

《晉書》卷一百九《載記第九·慕容皝》頁二八二四

句麗、百濟及宇文、段部之人，皆兵勢所徙，非如中國慕義而至，咸有思歸之心。今戶垂十萬，狹湊都城，恐方將爲國家深害，宜分其兄弟宗屬，徙于西境諸城，撫之以恩，檢之以法，使不得散在居人，知國之虛實。

《通志》卷一百八十八《載記三·慕容皝》頁三〇一三下

句麗、百濟及宇文、段部之人，皆兵勢所徙，非如中國慕義而至，咸有思歸之心。今戶垂十萬，狹湊都城，恐方將爲國家深害，宜分其兄弟宗屬，徙於西境諸城，撫之以恩，檢之以法，使不得散在居人，知國之虛實。

《十六國春秋輯補》卷二十五《前燕錄三·慕容皝》頁一九四

公元三四八年　東晉穆帝永和四年
前燕文明帝十五年①

　　元真體貌不恒,暗符天表,沈毅自處,頗懷奇略。于時群雄角立,爭奪在辰,顯宗主祭于沖年,庾亮竊政于元舅,朝綱不振,天步孔艱,遂得據已成之資,乘土崩之會。揚兵南鶩,則烏丸卷甲;建旆東征,則宇文摧陣。

　　《晉書》卷一百十一《載記第十一·史臣曰》頁二八六二

---

①本年慕容皝亡,故將其論贊繫於此處。

散見未繫年史料

　　《後周書》曰：宇文氏其先曰普回，因狩得玉璽三鈕，有文曰"皇帝璽"。普回異之，以爲天授。其俗謂天曰"宇"，因號宇文，國并以爲氏。
　　　　《太平御覽》卷六八二《儀式部三·璽》頁三〇四四上

　　東方宇文、慕容氏，即宣帝時東部，此二部最爲强盛，別自有傳。
　　　　《魏書》卷一百一十三《官氏志》頁三〇一二

　　庫莫奚，鮮卑之別種也。
　　　　《周書》卷四十九《列傳第四十一·異域上·庫莫奚》頁八九九

　　庫莫奚，聞于後魏及後周。其先東部鮮卑宇文之別種也。
　　　　《太平寰宇記》卷之一百九十八《四夷二十七·北狄十·庫莫奚》頁三七九九

奚,亦東部種也。或曰即烏桓蹋頓之後。晉永嘉以後有庫莫奚,屬鮮卑宇文部,與契丹同類而異種。

《讀史方輿紀要》卷十八《北直九》頁八六〇

自是戎夷赫連氏、沮渠氏、李氏、石氏、慕容氏、佛氏、禿髮氏、拓拔氏、宇文氏、高氏、苻氏、呂氏、姚氏、翟氏,被髮左衽,遞據中壤,衣冠殄盡。

《通典》卷第二百《邊防十六·北狄七》頁五四九五

代北複姓　宇文

《通志》卷二十五《氏族略一》頁四四四中

宇文莫槐居遼東塞外。

《通志》卷四十一《都邑略一》頁五五九下

段部鮮卑資料輯錄

凡　例

　　本輯録包含紀傳體、編年體、典制體史書以及大型類書、地理總志中有關段部鮮卑之資料，其斷限上起"段部（鮮卑）"見諸史載，下迄東晉穆帝永和十二年（356）至升平元年（357），前燕名將慕容恪滅亡段部鮮卑建立的齊政權，齊公段龕被擒殺。此後有追述前人前事者，酌情擇要收録。

　　本輯録收録範圍，凡各類典籍中有"段部"二字且其内容爲記載段龕以前鮮卑段部歷史者，概予收録。如無"段部"二字，而有"段匹䃅""段遼""段龕"等段部首領名稱或"鮮卑"特指段部時，同樣予以收録。

　　本輯録編排方法：以正史爲主，以本紀爲綱，重出者集中排列，歧異者注明。

　　所收録史料過長時，與段部鮮卑關係較小之部分，酌情予以省略。

　　本輯録主體分爲兩部分：

　　（一）段部鮮卑及段部鮮卑人物專傳專條

　　（二）散見史料繫年録

　　"散見史料繫年録"每條史料均標注公元紀年，輔以兩晉、前燕等政權年號，以資對照。同年資料，按月編排，記載相同或相近内容之史料按成書年代排序並予以集中。年代可以判斷大致範圍但不能絕對確定者，一般繫於相當年代之末並注釋。

所標年月，以正史爲主，正史無可考者，則據《資治通鑑》或其他史料，具有爭議者則以注釋説明。

所收資料，酌分段落，所用史料爲影印版本者添加標點符號。影印本文字儘量遵循原書，但考慮到影印本《册府元龜》《文獻通考》等典籍存在訛字或語句不通等情況，影響讀者理解。因此，如有明顯謬誤者，根據其他版本靈活參正。所標頁碼仍以影印本爲準，標點不必與參正版本完全相同，參正版本列入參考文獻並置於影印本之後。對舊字形、俗字以及部分異體字，本系列輯録選用規範繁體字代替。明清刻本中的避諱字，一般恢復爲原字。

文內凡標注爲脚注之字句，均爲編者所添。圓括號中内容除史料原文自帶外，一般爲補充所發生事件之主語，如："（劉）琨長史李弘以并州降于勒，琨遂奔于段匹磾。"

本編所收資料，將各史之正文及後人注釋均予以收録，如《通鑑》胡三省注即全部收録。注釋及編者之自注，俱使用小號字體。各點校本史料，多附有校勘記，考慮到其學術價值，本系列輯録均予以保留。

段部鮮卑及段部鮮卑人物
專傳專條

《晉書》卷六十三《列傳第三十三·段匹磾》

段匹磾,東部鮮卑人也。種類勁健,世爲大人。父務勿塵,遣軍助東海王越征討有功,王浚表爲親晉王,封遼西公,嫁女與務勿塵,以結鄰援。懷帝即位,以務勿塵爲大單于,匹磾爲左賢王,率衆助國征討,假撫軍大將軍。務勿塵死,弟涉復辰以務勿塵子疾陸眷襲號。

劉曜逼洛陽,王浚遣督護王昌等率疾陸眷及弟文鴦、從弟末杯攻石勒於襄國。勒敗還壘,末杯追入壘門,爲勒所獲。勒質末杯,遣使求和於疾陸眷。疾陸眷將許之,文鴦諫曰:"受命討勒,寧以末杯一人,故縱成擒之寇?既失浚意,且有後憂,必不可許。"疾陸眷不聽,以鎧馬二百五十匹、金銀各一簏贖末杯。勒歸之,又厚以金寶彩絹報疾陸眷。疾陸眷令文鴦與石季龍同盟,約爲兄弟,遂引騎還。昌等不能獨守,亦還。

建武初,匹磾推劉琨爲大都督,結盟討勒,并檄涉復辰、疾陸眷、末杯等三面俱集襄國,琨、匹磾進屯固安,以候衆軍。勒懼,遣間使厚賂末杯。然末杯既思報其舊恩,且因匹磾在外,欲襲奪其國,乃間匹磾於涉復辰、疾陸眷曰:"以父兄而從子弟邪?雖一旦有功,匹磾獨收之矣。"涉復辰等以爲然,引軍而還。匹磾亦止。會疾陸眷病死,匹磾自薊奔喪,至於右北平。末柸宣言匹磾將篡,出軍擊敗之。末柸遂害涉復辰及其子弟黨與二百餘人,自立爲單于。

及王浚敗,匹磾領幽州刺史,劉琨自并州依之,復與匹磾結盟,俱討石勒。匹磾復爲末柸所敗,士衆離散,懼琨圖己,遂害之,於是晉人離散矣。匹磾不能自固,北依邵續,末柸又攻敗之。匹磾被瘡,謂續曰:"吾夷狄慕義,以至破家,君若不忘舊要,與吾進討,君之惠也。"續曰:"賴公威德,續得效節。今公有難,豈敢不俱!"遂并力追末柸,斬獲略盡。又令文鴦北討末柸弟於薊城,及還,去城八十里,聞續已沒,衆懼而散,復爲石季龍所遮,文鴦以其親兵數百人力戰破之,始得入城。季龍復抄城下,文鴦登城臨見,欲出擊之,匹磾不許。文鴦曰:"我以勇聞,故百姓杖我。見人被略而不救,非丈夫也。令衆失望,誰復爲我致死乎!"遂將壯士數十騎出戰,殺胡甚多。遇馬乏,伏不能起。季龍呼曰:"大兄與我俱是戎狄,久望共同。天不違願,今日相見,何故復戰?請釋杖。"文鴦罵曰:"汝爲寇虐,久應合死。吾兄不用吾計,故令汝得至此。吾寧死,不爲汝擒。"遂下馬苦戰,槊折,執刀力戰不已。季龍軍四面解馬羅披自鄣,前捉文鴦。文鴦戰自辰至申,力極而後被執。城内大懼。

匹磾欲單騎歸朝,續弟樂安内史洎勒兵不許。洎復欲執臺使王英送於季龍,匹磾正色責之曰:"卿不能遵兄之志,逼吾不得歸朝,亦以甚矣,復欲執天子使者,我雖胡夷,所未聞也。"因謂英曰:"匹磾世受重恩,不忘忠孝。今日事逼,欲歸罪朝廷,而見逼迫,忠款不遂。若得假息,未死之日,心不忘本。"遂渡黄河南。匹磾著朝服,持節,賓從出見季龍曰:"我受國恩,志在滅汝。不幸吾國自亂,以至於此。既不能死,又不能爲汝敬也。"勒及季龍素與匹磾結爲兄弟,季龍起而拜之。匹磾到襄國,又不爲勒禮,常著朝服,持晉節。經年,國中謀推匹磾爲主,事露,被害。文鴦亦遇鴆而死,惟末波存焉。及死,弟牙立。牙死,其後從祖就陸眷之孫遼立。

自務勿塵已後,值晉喪亂,自稱位號,據有遼西之地,而臣御晉人。其地西盡幽州,東界遼水。然所統胡晉可三萬餘家,控弦可四五萬騎,而與石季龍遞相侵掠,連兵不息,竟爲季龍所破,徙其遺黎數萬家於司雍之地。其子蘭復聚兵,與季龍爲患久之。及石氏之亡,末波之子勤鳩集胡羯得萬餘人,保枉人山,自稱趙王,附于慕容儁。俄爲冉閔所敗,徙于繹幕,僭即尊號。儁遣慕容恪擊之,勤懼而降。

……

史臣曰:邵、李、魏、郭等諸將,契闊喪亂之辰,驅馳戎馬之際,威懷足以容衆,勇略足以制人,乃保據危城,折衝千里,招集義勇,抗禦仇讎,雖艱阻備嘗,皆乃心王室。而矩能以少擊衆,戰勝獲多,遂使玄明憤恚,世龍挫衄。惜其寡弱,功虧一簣。方之數子,其最優乎!默既拔迹危亡,參陪朝伍,忿因眦睚,禍及誅夷,非夫狂悖,豈宜至此!段匹磾本自遐方,而係心朝廷,始則盡忠國難,終乃抗節虜廷,自蘇子卿以來,一人而已。越石之見誅段氏,實以威名;匹磾之取戮世龍,亦由衆望:禍福之應,何其速哉!《詩》云:"無言不酬,無德不報",此之謂也。

贊曰:邵李諸將,實惟忠壯。蒙犯艱危,驅馳亭鄣。力小任重,功虧身喪。匹磾勁烈,隕身全節。默實凶殘,自貽罪戾。

頁一七一〇至一七一二、一七一七

《北史》卷九十八《列傳第八十六·徒何段就六眷》

徒何段就六眷,出於遼西。其伯祖曰陸眷,因亂被賣爲漁陽烏丸大人庫辱官家奴。〔三三〕諸大人集會幽州,皆持唾壺,唯庫辱官獨無,〔三四〕乃唾曰陸眷口中。曰陸眷因咽之,西向拜天曰:"願使主君之智慧禄相,盡移入我腹中。"其後漁陽大饑,庫辱官以曰陸眷爲健,使將人詣遼西逐食,招誘亡叛,遂至强盛。曰陸眷死,弟乞珍代立。乞珍死,子務目塵代立,〔三五〕即就六眷父也。據遼西之地而臣於晉。其所統三萬餘家,控弦上馬四五萬騎。穆帝時,幽州刺史王浚以段氏數爲己用,〔三六〕深德之,乃表封務目塵爲遼西公,假大單于印綬。浚使務目塵率萬餘騎伐石勒於常山封龍山下,大破之。

【校勘記】

〔三三〕因亂被賣爲漁陽烏丸大人庫辱官家奴　諸本"大人"作"子大",《魏書》卷一〇三《徒何段就六眷傳》"大"作"太",無"人"字。《通典》卷一九六、《通志》卷二〇〇《徒何段傳》作"大人"。按"子大"無義,今據《通典》改。

〔三四〕唯庫辱官獨無　諸本"獨"訛作"猶",據《魏書》、《通典》、《通志》改。

〔三五〕子務目塵代立　《通典》、《通志》及《晉書》卷六三《段匹䃅傳》"目"並作"勿"。

〔三六〕穆帝時幽州刺史王浚以段氏數爲己用　按此穆帝指拓拔猗盧。王浚乃晉之幽州刺史,"幽"上當有"晉"字。否則王浚似爲拓拔猗盧所授之幽州刺史,誤。

務目塵死,就六眷立。就六眷與弟匹䃅、從弟末波等率五萬餘騎圍石勒於襄國。勒登城望之,見將士皆釋仗寢卧,無警備之意。勒因其懈怠,選募勇健,穿城突出,直衝末波,生禽之。置之座上,與飲宴盡歡,約爲父子,盟誓而遣之。末波既得免,就六眷等遂攝軍而還,不復報浚,歸于遼西。自此以後,末波常不敢南向溲焉。人問其故,末波曰:"吾父在南。"其感勒不害己也如此。

就六眷死,其子幼弱,匹䃅與劉琨世子群奔喪。匹䃅陰卷甲而往,欲殺其叔羽鱗及末波而奪其國。末波等知之,遣軍逆擊匹䃅。劉群爲末波所獲。匹䃅走還薊,懼琨禽己,請琨宴會,因執而害之。匹䃅既殺劉琨,與羽鱗、末波自相攻擊,部衆乖離。欲擁其衆徙保上谷,阻軍都之險,以距末波等。平文帝聞之,陰嚴精騎,將擊之。匹䃅恐懼,南奔樂陵。後石勒遣石季龍擊段文鴦于樂陵,破之,生禽文鴦。匹䃅遂率其屬及諸塢壁降于石勒。

末波自稱幽州刺史,屯遼西。末波死,國人因立陸眷弟護遼爲主。〔三七〕烈帝時,假護遼驃騎大將軍、幽州刺史、〔三八〕大單于、北平公,弟鬱蘭撫軍將軍、冀州刺史、勃海公。建國元年,石季龍征護遼於遼西,護遼奔於平岡山,遂投慕容晃,晃殺之。鬱蘭奔石季龍,以所徙鮮卑五千人配之,使屯令支。〔三九〕鬱蘭死,子龕代之。及冉閔之亂,龕率衆南移,遂據齊地。慕容儁使弟玄恭率衆伐龕於廣固，執龕送之薊。儁毒其目而殺之，坑其徒三千餘人。

【校勘記】

〔三七〕國人因立陸眷弟護遼爲主　《魏書》、《通典》，"陸眷"上有"日"字。按日陸眷乃末波之伯祖，其弟即末波之從祖，世代不相及，疑"日陸眷"當作"就六眷"。

〔三八〕烈帝時假護遼驃騎大將軍幽州刺史　按烈帝指拓拔翳槐。此等官爵皆晉朝所授，"假"上當有"晉"字。

〔三九〕使屯令支　諸本"令"訛作"合"，據《魏書》、《通典》、《通志》改。令支兩漢屬遼西郡。北魏平州遼西郡肥如縣有令支城。

頁三二六八至三二七〇、三二八一至三二八二

《魏書》卷一百三《列傳第九十一·徒何段就六眷》

徒何段就六眷，本出於遼西。其伯祖日陸眷，因亂被賣爲漁陽烏丸大庫辱官家奴。① 諸大人集會幽州，皆持唾壺，唯

---

① 此處中華書局點校本《魏書》無校勘記，中華書局點校修訂本《魏書》二五一七至二五一八頁校勘記〔三〇〕作：因亂被賣爲漁陽烏丸大庫辱官家奴　"大"，原作"太"，《北史》卷九八《徒何段就六眷傳》舊本並作"子大"，《通典》卷一九六《邊防》一二《北狄》三《徒何段》、《通志》卷二〇〇作"大人"。按《晉書》卷三九《王沈傳》附《王浚傳》云："浚又表封務勿塵遼西郡公，其別部大飄滑及其弟渴末、別部大屠甕等皆爲親晉王。"本書卷四下《世祖紀》下太平真君五年十月見吐谷渾部大崇娥。是鮮卑族首領可單作"大"。《三國志》卷三〇《魏書·烏丸傳》裴《注》引《魏書》稱烏丸數百千落自爲一部，"常推募勇健能理決鬥訟相侵犯者爲大人，邑落各（轉下頁）

庫辱官獨無，乃唾日陸眷口中。日陸眷因咽之，西向拜天曰："願使主君之智慧禄相盡移入我腹中。"其後漁陽大飢，庫辱官以日陸眷爲健，使將之詣遼西逐食，招誘亡叛，遂至强盛。日陸眷死，弟乞珍代立。乞珍死，子務目塵代立，即就陸眷父也，① 據有遼西之地，而臣於晉。其所統三萬餘家，控絃上馬四五萬騎。穆帝時，幽州刺史王浚以段氏數爲己用，〔一九〕② 深德之，乃表封務目塵爲遼西公，假大單于印綬。浚使務目塵率萬餘騎伐石勒於常山封龍山下，大破之。

———

（接上頁）有小帥"，疑統領衆多部落者稱"大人"，邑落小帥即單稱"大"，或稱"子大"。此處"太"必是"大"字之訛，今據改。
①此處中華書局點校本《魏書》無校勘記，中華書局點校修訂本《魏書》二五一八頁校勘記〔三一〕作：務目塵代立即就六眷父也 "就六眷"，原作"就陸眷"，據北監本、汲本、局本、殿本改。按其人傳首作"就六眷"，傳中"就六眷"、"就陸眷"互出，一卷之中不宜有此歧異。又，此傳之"就六眷"、"務目塵"，《晉書》卷六三《段匹磾傳》分別作"疾陸眷"、"務勿塵"。"末波"，《晉書》偶見，大體都作"末柸"。此種時代不同、史源有別所致之譯名用字差異者，不一一比對出校。
②此處中華書局點校修訂本《魏書》二五一八頁校勘記〔三二〕作：穆帝時晉幽州刺史王浚以段氏數爲己用 "穆帝時晉"，原作"晉穆帝"，北監本、殿本及《北史》卷九八《徒何段就六眷傳》作"穆帝時"，《通志》卷二〇〇作"晉惠帝時"。按本書用北魏紀年，例稱西晉皇帝爲帝，書東晉皇帝名，且東晉穆帝即位乃在西晉之王浚爲幽州刺史三十餘年後，《通志》改作"晉惠帝時"以牽就史實。此穆帝乃指拓跋猗盧，北監本、殿本當是據《北史》改。然如《北史》，又似王浚之幽州刺史爲猗盧所命，亦不合事實。今移"晉"字於"穆帝"下，復據《北史》補"時"字。

【校勘記】

〔一九〕穆帝時幽州刺史王浚以段氏數爲己用　百衲、南、汲、局四本"穆帝"上有"晉"字,又無"時"字,北本、殿本及《北史》卷九八如上摘句。按此穆帝指拓跋猗盧,補此《傳》者妄加"晉"字,又刪"時"字,遂使死於西晉之王浚忽爲三十餘年後東晉穆帝的幽州刺史。北、殿本據《北史》改是,今從之。

務目塵死,就六眷立。就六眷與弟匹磾、從弟末波等率五萬餘騎圍石勒於襄國。勒登城望之,見將士皆釋仗寢臥,無警備之意,勒因其懈怠,選募勇健,穿城突出,直衝末波,生禽之。置之座上,與飲宴盡歡,約爲父子,盟誓而遣之。末波既得免,就六眷等遂攝軍而還,不復報浚,歸于遼西。自此以後,末波常不敢南向溲焉,人問其故,末波曰:"吾父在南。"其感勒不害己也如此。

就六眷死,其子幼弱,匹磾與劉琨世子群奔喪。匹磾陰卷甲而往,欲殺其從叔羽鱗及末波而奪其國。末波等知之,遣軍逆擊,匹磾、劉群爲末波所獲。匹磾走還薊,懼琨禽己,請琨宴會,因執而害之。匹磾既殺劉琨,與羽鱗、末波自相攻擊,部衆乖離。欲擁其衆徙保上谷,阻軍都之險,以拒末波等。平文帝聞之,陰嚴精騎將擊之。匹磾恐懼,南奔樂陵。後石勒遣石虎擊段文鴦于樂陵,破之,生擒文鴦。匹磾遂率其屬及諸塢壁降于石勒。

末波自稱幽州刺史,屯遼西。末波死,國人立曰陸眷弟護遼爲主,〔二〇〕① 烈帝時,假護遼驃騎大將軍、② 幽州刺史、大單于、北平公,弟鬱蘭撫軍將軍、冀州刺史、勃海公。建國元年,石虎征護遼於遼西,護遼奔平岡山,遂投慕容晃,晃殺之。鬱蘭奔石虎,以所徙鮮卑五千人配之,使屯令支。鬱蘭死,子龕代之。及冉閔之亂,龕率衆南移,遂據齊地。慕容儁使弟玄恭帥衆伐龕於廣固,執龕送之薊,儁毒其目而殺之,坑其徒三千餘人。

【校勘記】

〔二〇〕國人立日陸眷弟護遼爲主 按日陸眷是末波祖父輩,其弟亦是從祖,似不能嗣末波位。《晉書》卷六三《段匹磾傳》稱末波死,弟牙立,牙死,其後從祖就陸眷之孫遼即護遼立。此《傳》之"就六眷",《晉書》作"疾陸眷",而《晉書》之"就陸眷"當即此《傳》之"日陸眷"。乃同名異譯。這

---

① 此處中華書局點校修訂本《魏書》二五一八至二五一九頁校勘記〔三三〕作:國人立日陸眷弟護遼爲主 "弟",疑當作"孫"。按《晉書》卷六三《段匹磾傳》記此事稱:末波死,弟牙立,牙死,其後從祖就陸眷之孫遼(即護遼)立。此傳之"就六眷",《晉書》作"疾陸眷",而《晉書》之"就陸眷"當即此傳之"日陸眷",同名異譯而別之。段遼事散見於《晉書》,如按此傳,日陸眷是末波祖父輩,其弟亦是末波從祖,似不能嗣末波位。

② 此處中華書局點校本《魏書》無校勘記,中華書局點校修訂本《魏書》二五一九頁校勘記〔三四〕作:烈帝時假護遼驃騎大將軍 "時",原作"特",據三朝本、南監本、北監本、殿本改。又,"假"上疑當有"司馬衍"三字。按"烈帝"翳槐時,拓跋尚處塞北游牧,受庇於石勒,無成國之制,安得封授段遼。《御覽》卷七五九及卷七六〇引《晉咸康起居注》,有詔送段遼鸚鵡杯、琉璃碗事,封授段遼等亦當在此時。咸康爲東晉成帝司馬衍年號。

裏"弟"疑當作"孫"。

頁二三〇五至二三〇六、二三一七

《通典》卷第一百九十六《邊防十二·北狄三·徒河段》

徒河段〔二八〕

【校勘記】

〔二八〕徒河段　此題下原有"務勿塵附"小字側注四字，今據明抄本、明刻本、朝鮮本删。

徒河段曰陸眷出於遼西，〔二九〕因亂被賣爲漁陽烏桓大人庫辱官家奴。諸大人集會幽州，皆持唾壺，唯庫辱官獨無，乃唾曰陸眷口中。曰陸眷含出因咽之，西向拜天曰："願使主君之智慧禄相盡移入我腹中。"其後漁陽大饑，庫辱官以曰陸眷爲健，使將人衆詣遼西逐食，遂招誘亡叛，以至强盛。曰陸眷死，後至姪務勿塵，〔三〇〕有遼西之地，而臣於晉。其所統三萬餘家，控弦四五萬騎。封務勿塵爲遼西公，假大單于印綬。後就陸眷立，勿塵之子。與弟匹磾、都泥反。從弟末波等率騎圍石勒於襄國，爲勒所破，擒末波而捨之，就陸眷遂攝軍而還，不復報，歸於遼西。就陸眷死，末波自稱幽州刺史。末波死，國人立曰陸眷弟護遼爲主，後爲慕容皝所殺。〔三一〕其弟鬱蘭奔石季龍，以所從鮮卑五千人配之，〔三二〕使屯令支。今北平郡盧龍縣即其地。及冉閔之亂，段龕鬱蘭之子。龕音堪。率衆南移，遂據齊地。慕容儁使弟恪帥衆伐龕於廣固，今北海郡城。執龕，殺之，坑其徒三千餘人。

【校勘記】

〔二九〕曰陸眷出於遼西　"於"明抄本、明刻本、朝鮮本、王吳本作"遊"，與《魏書》、《北史·徒何段就六眷傳》不合。

〔三〇〕務勿塵　"勿"《魏書·段就六眷傳》二三〇五頁、《北史·徒何段就六眷傳》三二六九頁並作"目"。

〔三一〕後爲慕容皝所殺　"所殺"原作"所破殺之"，據《太平寰宇記》卷一九四刪。按：《魏書·段就六眷傳》二三〇六頁、《北史·徒何段就六眷傳》三二七〇頁並云："建國元年，石虎征護遼於遼西，護遼奔平岡山，遂投慕容皝，皝殺之。"

〔三二〕以所從鮮卑五千人配之　"從"原作"略"，王吳本、殿本亦然，今據明抄本、明刻本、朝鮮本改。按：《魏書·段就六眷傳》二三〇六頁、《北史·徒何段就六眷傳》三二七〇頁、《太平寰宇記》卷一九四均作"徙"。

頁五三七一至五三七二、五三八七至五三八八

《太平寰宇記》卷之一百九十四《四夷二十三·北狄六·徒何段》

徒何段

徒何段曰陸眷。〔四〕出于遼西，因亂被賣爲漁陽烏丸大人庫辱官家奴。諸大人集會幽州，〔五〕皆持唾壺，惟庫辱官獨無，乃唾曰陸眷口中。曰陸眷因咽之，西向拜天曰：〔六〕"願使主君之智慧禄相盡移入我腹中。〔七〕"其後漁陽大饑，庫辱官

以日陸眷爲健,使將人衆詣遼西逐食,招誘亡叛,遂至強盛。日陸眷死,後至姪務勿塵據有遼西之地,而臣于晉。其所統三萬餘家,控弦四五萬騎。封務勿塵爲遼西公,[八]假大單于印綬。就陸眷立,務勿塵之子。與弟匹磾、都泥切。從弟末波等率騎圍石勒于襄國,爲勒所破,擒末波而捨之,就陸眷遂攝軍而還,歸於遼西。就陸眷死,末波自稱幽州刺史。末波死,國人立日陸眷弟護遼爲主,後爲慕容皝所殺。其弟鬱蘭奔石季龍,以所徙鮮卑五千人配之,使屯令支。今北平郡盧龍縣即其地也。及冉閔之亂,段龕龕,鬱蘭之子也。龕,音堪。率衆南移,遂據齊地。慕容儁使弟恪帥衆伐龕于廣固,今北海郡城。執龕,殺之,坑其徒三千餘人,遂滅。

【校勘記】

〔四〕徒何段日陸眷　底本"徒何段"下有"一名"二字,萬本、《庫》本同,據宋版及《魏書·徒何段就六眷傳》、《北史·徒何段就六眷傳》刪。

〔五〕諸大人集會幽州　"集會",底本作"會集",據宋版、萬本、《庫》本及《魏書·徒何段就六眷傳》、《北史·徒何段就六眷傳》乙正。

〔六〕西向拜天曰　"天",底本脱,萬本、《庫》本同,據宋版、傅校及《魏書·徒何段就六眷傳》、《北史·徒何段就六眷傳》補。

〔七〕願使主君之智慧禄相盡移入我腹中　"君",底本脱,《庫》本同,據宋版、萬本及《魏書·徒何段就六眷傳》、《北史·徒何段就六眷傳》補。

〔八〕封務勿塵爲遼西公　"務",底本脱,據宋版、萬本、

《庫》本及《魏書·徒何段就六眷傳》、《北史·徒何段就六眷傳》補。"勿",《魏書》、《北史》皆作"目"。

頁三七一二至三七一三、三七二三至三七二四

《通志》卷一百二十五《列傳三十八·段匹磾》

段匹磾,東部鮮卑人也。種類勁健,世爲大人。父務勿塵,遣軍助東海王越有功,王浚表爲親晉王,封遼西公,嫁女與務勿塵,以結鄰援。懷帝即位,以務勿塵爲大單于,匹磾爲左賢王,率衆助國征討,假撫軍大將軍。務勿塵死,弟涉復辰以務勿塵子疾陸眷襲號。

劉曜逼洛陽,王浚遣督護王昌等率疾陸眷及弟文鴦、從弟末杯攻石勒於襄國。勒敗還壘,末杯追入壘門,爲勒所獲。勒質末杯,遣使求和於疾陸眷。疾陸眷將許之,文鴦諫曰:"受命討勒,寧以末杯一人,故縱成禽之寇?既失浚意,且有後憂,必不可許。"疾陸眷不聽,以鎧馬二百五十匹、金銀各一簏贖末杯。勒歸之,又厚以金寶彩絹報疾陸眷。疾陸眷令文鴦與石虎同盟,約爲兄弟,遂引騎還。昌等不能獨守,亦還。

建武初,匹磾推劉琨爲盟主,討石勒,并檄涉復辰、疾陸眷、末杯等三面俱集襄國,琨、匹磾進屯固安,以俟衆軍。勒懼,遣間使厚賂末杯。然末杯既思報其舊恩,且因匹磾在外,欲襲奪其國,乃間匹磾於涉復辰、疾陸眷曰:"以父兄而從子弟邪?雖一旦有功,匹磾獨收之矣。"涉復辰等以爲然,引軍而還。匹磾亦止。會疾陸眷病死,匹磾自薊奔喪,至右北平。末杯宣言匹磾將篡,出軍擊敗之。末杯遂害涉復辰及其子弟黨與二百餘人,自立爲單于。

及王浚敗，匹磾領幽州刺史，劉琨自并州往依之，復與匹磾結盟，俱討石勒。匹磾復爲末杯所敗，士衆離散，懼琨圖己，遂害之，於是晉人離散矣。匹磾不能自固，北依邵續，末杯又攻敗之。匹磾被創，謂續曰："吾夷狄慕義，以至破家，君若不忘舊要，與吾追討，君之惠也。"續曰："賴公威德，續得效節。今公有難，豈得不俱！"遂并力追末杯，斬獲略盡。又令文鴦北討末杯弟於薊城，及還，去城八十里，聞續已没，衆懼而散，復爲石虎所遮，文鴦以親兵數百人力戰破之，始得入城。虎復抄城下，文鴦登城臨見，欲出擊之，匹磾不許。文鴦曰："我以勇聞，故百姓杖我。見人被略而不救，非丈夫也。令衆失望，誰復爲我致死乎！"遂將壯士數十騎出戰，殺胡甚多。遇馬乏，伏不能起。虎呼曰："大兄與我俱是戎狄，久望共同。天不違願，今日相見，何故復戰？請釋杖。"文鴦罵曰："汝爲寇虐，久應合死。吾兄不用吾計，故令汝得至此。吾寧死，不爲汝禽。"遂下馬苦戰，槊折，用刀力戰不已。石虎軍四面解馬羅披自鄣，前捉文鴦。文鴦戰自辰至申，力極而後被執。城內大懼。

匹磾欲單騎歸朝，續弟樂安內史洎勒兵不許。洎復欲執臺使王英送於石虎，匹磾正色責之曰："卿不能遵兄之志，逼吾不得歸朝，亦已甚矣，復欲執天子使者，我雖胡夷，所未聞也。"因謂英曰："匹磾世受重恩，不忘忠孝。今日事逼，欲歸罪朝廷，而見逼迫，忠款不遂。若得假息，未死之日，心不忘本。"遂渡黃河南。匹磾著朝服，持節，賓從出見石虎曰："我受國恩，志在滅汝。不幸吾國自亂，以至於此。既不能死，又不能爲汝敬也。"勒及石虎素與匹磾約爲兄弟，故虎起而拜之。及到襄國，又不爲勒禮，常著朝服，持晉節。經年，國中謀推匹磾爲主，事露，被害。文鴦亦遇酖而死，惟末波在焉。及死，弟牙立。牙死，其後從祖就陸眷之孫遼立。

自務勿塵已後，值晉喪亂，自稱位號，據有遼西之地，而臣御晉人。其地西盡幽州，東界遼水。然所統胡晉可三萬餘家，控弦可四五萬騎，而與石虎遞相侵掠，連兵不息，竟爲虎所破，徙其遺黎數萬家於司雍之地。其子蘭復聚兵，與石虎爲患久之。及石氏之亡，末波之子勤鳩集胡羯得萬餘人，保枉人山，自稱趙王，附于慕容儁。俄爲冉閔所敗，徙于繹幕，僭即尊號。儁遣慕容恪擊之，勤懼而降。

頁一九五六上至一九五六下

《通志》卷二百《四夷傳七・北國下・徒河段務勿塵附》

徒河段務勿塵附

徒河段就六眷，出於遼西。其伯祖日陸眷，因亂被賣爲漁陽烏丸大人庫辱官家奴。諸大人集會幽州，皆持唾壺，唯庫辱官獨無，乃唾日陸眷口中。日陸眷因咽之，西向拜天曰："願使主君之智慧禄相，盡移入我腹中。"其後漁陽大饑，庫辱官以日陸眷爲健，使將人衆詣遼西逐食，招誘亡叛，遂至強盛。日陸眷死，弟乞珍代立。乞珍死，子務勿塵代立，即就六眷父也。據遼西之地而臣於晉。其所統三萬餘家，控弦上馬四五萬騎。晉惠帝時，幽州刺史王浚以段氏數爲己用，深德之，乃封務勿塵爲遼西公，假大單于印綬。浚使務勿塵率萬餘騎伐石勒於恒山封龍山下，大破之。

務勿塵死,就六眷立。就六眷與弟匹磾、從弟末波等率五萬餘騎圍石勒於襄國。勒登城望之,見將士皆釋仗寢臥,無警備之意。勒因其懈怠,選募勇健,穿城突出,直衝末波,生禽之。置之座上,與飲宴盡歡,約爲父子,盟誓而遣之。末波既得免,就六眷等遂攝軍而還,不復報浚,歸于遼西。自此以後,末波常不敢南向溲焉。人問其故,末波曰:"吾父在南。"其感勒不害已也如此。

就六眷死,其子幼弱,匹磾與劉琨世子群奔喪。匹磾陰卷甲而往,欲殺其叔羽鱗及末波而奪其國。末波等知之,遣軍逆擊匹磾。劉群爲末波所獲。匹磾走還薊,懼琨禽己,請琨宴會,因執而害之。匹磾既殺劉琨,與羽鱗、末波自相攻擊,部衆乖離。欲擁其衆徙保上谷,阻軍都之險,以距末波等。代王鬱律聞之,陰嚴精騎,將擊之。匹磾恐懼,南奔樂陵。後石勒遣石虎擊段文鴦于樂陵,破之,生禽文鴦。匹磾遂率其屬及諸塢壁降于石勒。

末波自稱幽州刺史於遼西。末波死,國人因立陸眷弟護遼爲主。代王翳槐假護遼驃騎大將軍、幽州刺史、大單于、北平公,弟鬱蘭撫軍將軍、冀州刺史、勃海公。石虎後敗護遼於遼西,護遼奔於平岡山,遂投慕容皝,皝殺之。鬱蘭奔于石虎,虎以所徙鮮卑五千人配之,使屯令支。鬱蘭死,子龕代之。及冉閔之亂,龕率衆南移,遂據齊地。慕容儁使其弟恪帥衆伐龕於廣固,儁毒其目而殺之,阬其徒三千餘人。

頁三二〇三上至三二〇三中

《文獻通考》卷三百四十二《四裔十九·徒河段》

徒河段

徒河段日陸眷出於遼西，因亂被賣爲漁陽烏桓大人庫辱官家奴。諸大人集會幽州，皆持唾壺，唯庫辱官獨無，乃唾日陸眷口中。日陸眷含出因咽之，西向拜天曰："願使主君之智慧禄相盡移入我腹中。"其後漁陽大飢，庫辱官以日陸眷爲健，使將人衆詣遼西逐食，遂招誘亡叛，以至強盛。日陸眷死，後至姪務勿塵，有遼西之地，而臣於晉。其所統三萬餘家，控弦四五萬騎。封務勿塵爲遼西公，假大單于印綬。後就陸眷立，勿塵之子。與弟匹磾、都里反。從弟末波等率騎圍石勒於襄國，爲勒所破，擒末波而捨之，就陸眷遂攝軍而還，不復報，歸於遼西。就陸眷死，末波自稱幽州刺史。末波死，國人立日陸眷弟護遼爲主，後爲慕容皝所破，殺之。其弟鬱蘭奔石季龍，以所從鮮卑五千人配之，使屯令支。今北平郡盧龍縣即其地。及冉閔之亂，段龕鬱蘭之子。龕音堪。率衆南移，遂據齊地。慕容儁使弟恪帥衆伐龕於廣固，今北海郡城。執龕，殺之，坑其徒三千餘人。

頁二六八三中

散見史料繫年録

公元二八九年　西晉武帝太康十年

時東胡宇文鮮卑段部以廆威德日廣,懼有吞并之計,因爲寇掠,往來不絶。廆卑辭厚幣以撫之。

《晉書》卷一百八《載記第八・慕容廆》頁二八〇四

前燕慕容廆初爲鮮卑都督。時東胡宇文鮮卑段部以廆威德日廣,懼有并吞之計,因爲寇掠,往來不絶。廆卑辭厚幣以撫之。

《册府元龜》卷二三〇《僭僞部・懷附》頁二七四〇上

時鮮卑宇文氏、段氏方強,段氏,東部鮮卑也。杜佑曰:宇文莫槐出於遼東塞外,代爲鮮卑東部大人。徒河段疾六眷出遼西,因亂,被賣爲漁陽烏桓大人庫傉家奴。庫傉以其健,使將人衆,詣遼西逐食,遂招誘亡叛,以至強盛。余按《晉書・王浚傳》:段疾六眷,務勿塵之世子。段氏自務勿塵以來,強盛久矣,疾六眷因亂被掠,容或有之;務勿塵既能爲部落之帥,恐不待其子招誘而後能強盛也。數侵掠廆,廆卑辭厚幣以事之。段國單于階以女妻廆,生皝、仁、昭。慕容、段氏遂爲婚姻之國。數,所角翻。單,音蟬。妻,七細翻。

《資治通鑑》卷八十二《晉紀四・武帝太康十年》頁二五

九三至二五九四

时东胡宇文鲜卑段部以廆威德日廣，懼有吞併之計，因爲寇掠，往來不絕。廆卑辭厚幣以撫之。

《通志》卷一百八十八《載記三·慕容廆》頁三〇一一中

时东胡宇文鲜卑段部以廆威德日廣，懼有吞并之計，因爲寇掠，往來不絕。廆卑辭厚幣以撫之。

《十六國春秋輯補》卷二十三《前燕錄一·慕容廆》頁一七六

公元三〇三年　西晉惠帝太安二年

封鮮卑段勿塵爲遼西公。

《晉書》卷四《帝紀第四·惠帝》頁一〇二

于時朝廷昏亂，盜賊蜂起，浚爲自安之計，結好夷狄，以女妻鮮卑務勿塵，又以一女妻蘇恕延。

《晉書》卷三十九《列傳第九·王沈附王浚》頁一一四六

于時朝廷昏亂，盜賊蜂起，浚爲自安之計，結好夷狄，以女妻鮮卑務勿塵，又以一女妻蘇恕延。

《册府元龜》卷四五四《將帥部·專恣》頁五三八六下

晉惠帝時，鮮卑大人務勿塵遣軍助東海王越征討有功，王俊表爲親晉王，封遼西公，嫁女與務勿塵以結鄰援。

《册府元龜》卷九七三《外臣部·助國討伐》頁一一四三一上

安北將軍、都督幽州諸軍事王浚，以天下方亂，欲結援夷狄，乃以一女妻鮮卑段務勿塵，一女妻素怒延，妻，七細翻。宇文國有別帥曰素奴延。又表以遼西郡封務勿塵爲遼西公。爲王浚用段氏以攻成都王穎及石勒張本。

《資治通鑑》卷八十五《晉紀七·惠帝太安二年》頁二六九二

封鮮卑段勿塵爲遼西公。

《通志》卷十上《晉紀十上·孝惠皇帝》頁一八六中

于時朝廷昏亂，盜賊蜂起，浚爲自安之計，結好夷狄，以女妻鮮卑務勿塵，又以一女妻蘇恕延。

《通志》卷一百二十一下《列傳三十四下·王浚》頁一八六九上

公元三〇四年　西晉惠帝永安元年　西晉惠帝建武元年　西晉惠帝永興元年　漢光文帝元熙元年

王浚起燕、代，引鮮卑攻掠鄴中，百姓塗地。有聲如雷，怒之象也。

《宋書》卷二十四《志第十四·天文二》頁七〇二

王浚起燕代，引鮮卑攻掠鄴中，百姓塗地。

《晉書》卷十三《志第三·天文下》頁三九七

穎遣北中郎將王斌距戰，浚率鮮卑騎擊斌，騰爲後係，大破之。

《晉書》卷三十七《列傳第七·宗室·新蔡武哀王騰》頁一〇九六

鮮卑大略婦女,浚命敢有挾藏者斬,於是沈於易水者八千人。

《晉書》卷三十九《列傳第九·王沈附王浚》頁一一四七

及成都王穎敗乘輿于蕩陰,逼帝如鄴宮,王浚以穎陵辱天子,使鮮卑擊之,穎懼,挾惠帝南奔洛陽。

《晉書》卷一百四《載記第四·石勒上》頁二七〇九

洺水,本名漳水,源出縣西北三門山,山下去縣八十三里。《水經》云:〔五七〕"洺水出易陽縣西山。"按《隋圖經》云:"晉惠帝敗于湯陰之歲,烏桓、鮮卑掠鄴城婦女悉沈于洺水。"即此河也。

【校勘記】

〔五七〕水經 《庫》本同,萬本作"水經注"。按趙一清據本書補《水經·洺水注》作"水經注",見王先謙《合校水經注》。

《太平寰宇記》卷之五十六《河北道五·磁州》頁一一六三、一一七二

王浚以穎凌辱天子,使鮮卑擊之,穎懼,挾帝南奔洛陽。

《冊府元龜》卷二二一《僭偽部·勳伐一》頁二六五〇下

召務勿塵率胡晉合二萬人進軍討穎，以主簿祁弘爲前鋒，遇穎將石超於平棘，擊敗之。浚乘勝遂克鄴城，士衆暴掠，死者甚多。鮮卑大略婦女，浚命敢有挾藏者斬之，於是沉於易水者八千人，黔庶荼毒自此始也。

《册府元龜》卷四五四《將帥部・專恣》頁五三八七上

太弟穎稱詔徵浚，浚與鮮卑段務勿塵、烏桓羯朱及東嬴公騰同起兵討穎，羯，居謁翻。穎遣北中郎將王斌及石超擊之。斌，音彬。

《資治通鑑》卷八十五《晉紀七・惠帝永興元年》頁二六九七

王浚入鄴，士衆暴掠，死者甚衆。使烏桓羯朱追太弟穎，至朝歌，不及。浚還薊，以鮮卑多掠人婦女，命：「敢有挾藏者斬！」於是沈於易水者八千人。王浚進不成勤王，而縱鮮卑、烏桓猾夏亂華，其死於石勒之手，晚矣。沈，持林翻。

《資治通鑑》卷八十五《晉紀七・惠帝永興元年》頁二七〇一

穎遣北中郎將王斌距戰，浚率鮮卑騎擊斌，騰爲後係，大破之。

《通志》卷八十《宗室傳三・新蔡武哀王騰》頁九六四中

及成都王穎敗乘輿于蕩陰，逼帝如鄴宮，王浚以穎陵辱天子，使鮮卑擊之，穎懼，挾惠帝南奔洛陽。

《通志》卷一百八十七《載記二・石勒》頁二九八九中

鮮卑大掠婦女，浚命敢有挾藏者斬，於是沈於易水者八千人。

《通志》卷一百二十一下《列傳三十四下·王浚》頁一八六九上

王浚起燕代，引鮮卑攻掠鄴中，百姓塗地。

《文獻通考》卷二百九十一《象緯十四·流星星隕》頁二三〇三中

晉永安初，幽州都督王浚入鄴，還至易水，以所將鮮卑多掠鄴中婦女，命敢有挾藏者斬，於是沉於易水者八千人。

《讀史方輿紀要》卷十《北直一》頁四二〇

永興元年，成都王穎敗乘輿於蕩陰，逼帝如鄴宮。王浚以穎陵辱天子，使鮮卑擊之，穎懼，挾惠帝南奔洛陽。

《十六國春秋輯補》卷十一《後趙錄一·石勒》頁七四

（司馬）穎曰："五部之眾可保發已不？縱能發之，鮮卑、烏丸勁速如風雲，何易可當邪？吾欲奉乘輿還洛陽，避其鋒銳，徐傳檄天下，以逆順制之。君意何如？"

《晉書》卷一百一《載記第一·劉元海》頁二六四八

（司馬）穎曰："五部之眾，果可發否？就能發之，鮮卑、烏桓，未易當也。易，以豉翻。吾欲奉乘輿還洛陽以避其鋒，乘，繩證翻。徐傳檄天下，以逆順制之，言見力不足以制二鎮，欲檄徵天下兵,杖順制逆。君意何如?"

《資治通鑑》卷八十五《晉紀七·惠帝永興元年》頁二六九九

（司馬）穎曰:"五部之眾可保發否?鮮卑、烏丸勁速如風雲,何易可當?吾欲奉乘輿還洛陽,避其鋒銳,徐傳檄天下,以逆順制之。君意如何?"

《太平御覽》卷四三五《人事部七六·勇三》頁二〇〇三下

（司馬）穎曰:"五部之眾可保發以不?縱能發之,鮮卑、烏丸勁速如風雲,何易當耶?吾欲奉乘輿還洛陽,避其鋒銳,徐傳檄天下,以逆順制之。君意何如?"

《冊府元龜》卷二二一《僭偽部·勸伐一》頁二六四九下

（司馬）穎曰:"五部之眾可保發已不?縱能發之,鮮卑、烏丸勁速如風雨,何易可當邪?吾欲奉乘輿還洛陽,避其鋒銳,徐傳檄天下,以逆順制之。君意何如?"

《通志》卷一百八十六《載記一·劉淵》頁二九七五上至二九七五中

（司馬）穎曰:"五部之眾,可保發已不?縱能發之,鮮卑、烏丸,勁速如風雲,何易可當邪?吾欲奉乘輿還洛陽,避其鋒銳,徐傳檄天下,以順逆制之。君意何如?"

《十六國春秋輯補》卷一《前趙錄一·劉淵》頁四

王浚使將軍祁弘率鮮卑攻鄴，穎敗，挾天子南奔洛陽。元海曰："穎不用吾言，逆自奔潰，真奴才也。然吾與其有言矣，不可不救。"於是命右於陸王劉景、左獨鹿王劉延年等率步騎二萬，將討鮮卑。劉宣等固諫曰："晉爲無道，奴隸御我，是以右賢王猛不勝其忿。屬晉綱未弛，大事不遂，右賢塗地，單于之恥也。今司馬氏父子兄弟自相魚肉，此天厭晉德，授之於我。單于積德在躬，爲晉人所服，方當興我邦族，復呼韓邪之業，鮮卑、烏丸可以爲援，奈何距之而拯仇敵！今天假手於我，不可違也。違天不祥，逆衆不濟；天與不取，反受其咎。願單于勿疑。"

《晉書》卷一百一《載記第一·劉元海》頁二六四八至二六四九

王浚使將軍祁弘率鮮卑攻鄴，穎敗，挾天子南奔洛陽。元海曰："穎不用吾言，軍自奔潰，真奴才也。然吾與其言矣，不可不救。"於是命右子陸王劉晏、左獨鹿王劉延年率步騎二萬，將討鮮卑。劉宣等固諫曰："晉爲無道，奴隸禦我，是以右賢王猛不勝其忿。屬晉綱未弛，大事不遂，右賢塗地，單于之恥也。今司馬氏父子兄弟自相魚肉，此天厭晉德，授之於我。單于積德在躬，爲晉人所服，方當興我邦族，復呼韓邪之業，鮮卑、烏丸可以爲援，奈何距之而拯仇敵！今天假手於我，不可違也。違天不祥，逆衆不濟；天與不取，反受其咎。願單于勿疑。"

《册府元龜》卷二二一《僭僞部·勳伐一》頁二六五〇上

刘淵聞太弟穎去鄴，歎曰："不用吾言，逆自奔潰，真奴才也！然吾與之有言矣，不可以不救。"將發兵擊鮮卑、烏桓，劉宣等諫曰："晉人奴隸御我，今其骨肉相殘，是天棄彼而使我復呼韓邪之業也。鮮卑、烏桓，我之氣類，鮮卑、烏桓，東胡之種，與匈奴同稟北方剛強之氣，又同類也。可以爲援，奈何擊之！"

《資治通鑑》卷八十五《晉紀七·惠帝永興元年》頁二七〇一

王浚使將軍祁弘率鮮卑攻鄴，穎敗，挾天子南奔洛陽。淵曰："穎不用吾言，逆自奔潰，真奴才也。然吾與其有言矣，不可不救。"於是命右於陸王劉景、左獨鹿王劉延年等率步騎二萬，將討鮮卑。劉宣等固諫曰："晉爲無道，奴隸遇我，是以右賢王猛不勝其忿。屬晉綱未弛，大事不遂，右賢塗地，單于之恥也。今司馬氏父子兄弟自相魚肉，此天厭晉德，授之於我。單于積德在躬，爲晉人所服，方當興我邦族，復呼韓邪之業，鮮卑、烏丸可以爲援，奈何距之而拯仇敵！今天假手於我，不可違也。違天不祥，逆衆不濟；天與不取，反受其咎。願單于勿疑。"

《通志》卷一百八十六《載記一·劉淵》頁二九七五中

劉宣等固諫曰："晉爲無道，奴隸御我，是以右賢王猛不勝其忿。屬晉綱未弛，大事不遂，右賢王塗地，單于之恥也。今司馬氏父子兄弟自相魚肉，此天厭晉德，授之於我。單于積德在躬，爲晉人所服，方當興我邦族，復呼韓邪之業。鮮卑、烏丸可以爲援，奈何距之而拯仇敵！今天假手於我，不可違也。

違天不祥,逆衆不濟,天與不取,反受其咎,願單于勿疑。"

  《十六國春秋輯補》卷一《前趙錄一·劉淵》頁四至五

  《燕書》曰:周存,字道名,上谷俱陽人。王彭祖叛,母遇寇離失。所在分崩,州郡隔異,存謂難尋求,自河以北無不周遍,存亡無問。後傳在昌黎,而存已屬段氏。

  《太平御覽》卷四一三《人事部五四·孝中》頁一九〇五上

公元三〇五年　西晉惠帝永興二年

  王浚遣其將祁弘帥突騎鮮卑、烏桓爲越先驅。帥,讀曰率;下同。

  《資治通鑑》卷八十六《晉紀八·惠帝永興二年》頁二七一四

公元三〇六年　西晉惠帝光熙元年

  (祁)弘等所部鮮卑大掠長安,殺二萬餘人。

  《晉書》卷四《帝紀第四·惠帝》頁一〇七

  司【章;甲十一行本"司"上有"甲子"二字;乙十一行本同;孔本同;張校同。】空越遣祁弘、宋胄、司馬纂帥鮮卑西迎車駕,帥,讀曰率。以周馥爲司隸校尉、假節,都督諸軍,屯澠池。澠,彌兗翻。

  《資治通鑑》卷八十六《晉紀八·惠帝光熙元年》頁二七一八

（祁）弘等入長安，所部鮮卑大掠，殺二萬餘人，百官奔散，入山中，拾橡實食之。橡，似兩翻，栩實也。《爾雅》曰：柞實謂之橡。賢曰：橡，櫟實也。

《資治通鑑》卷八十六《晉紀八·惠帝光熙元年》頁二七一九

八月，以司空越爲太傅，錄尚書事；范陽王虓爲司空，鎮鄴；《考異》曰：《虓傳》"爲司徒"，今從《帝紀》。平昌公模爲鎮東大將軍，鎮許昌；王浚爲驃騎大將軍、都督東夷、河北諸軍事，領幽州刺史。浚恃鮮卑、烏桓以爲羽翼，故使并督東夷諸軍。驃，匹妙翻。

《資治通鑑》卷八十六《晉紀八·惠帝光熙元年》頁二七二一

（祁）弘等所部鮮卑大掠長安，殺二萬餘人。

《通志》卷十上《晉紀十上·孝惠皇帝》頁一八七下

公元三〇九年　西晉懷帝永嘉三年

石勒寇常山，安北將軍王浚使鮮卑騎救之，大破勒於飛龍山。

《晉書》卷五《帝紀第五·孝懷帝》頁一一九

王浚使其將祁弘帥鮮卑段務塵等十餘萬騎討勒，大敗勒于飛龍山，死者萬餘。

《晉書》卷一百四《載記第四·石勒上》頁二七一一

《十六國春秋·前趙録》云:王俊遣祁弘率鮮卑討石勒,戰於飛龍山下,勒師大敗。

《太平御覽》卷四五《地部一〇·飛龍山》頁二一八下

《十六國春秋·前趙録》云:"王浚遣祁弘率鮮卑討石勒戰于飛龍山下,勒師大敗。"〔二一〕

【校勘記】

〔二一〕前趙録云至勒師大敗　此文《太平御覽》卷四五也引自《前趙録》,按應爲《後趙録》,湯球《十六國春秋輯補》入於《後趙録》,是也。

《太平寰宇記》卷之六十一《河北道十·鎮州》頁一二五一、一二六二

王浚爲安北將軍,懷帝永嘉三年九月,石勒寇恒山,浚使鮮卑騎救之,大破勒于飛龍山。

《册府元龜》卷三五〇《將帥部·立功三》頁四一四九上

王浚遣祁弘與鮮卑段務勿塵擊石勒于飛龍山,《隋·地理志》,恒山郡石邑縣有飛龍山。《括地志》:封龍山,一名飛龍山,在恒山鹿泉縣南四十五里。大破之,勒退屯黎陽。

《資治通鑑》卷八十七《晉紀九·懷帝永嘉三年》頁二七四五

石勒寇常山,安北將軍王浚使鮮卑騎救之,大破勒於飛龍山。

《通志》卷十上《晉紀十上·孝懷皇帝》頁一八九上

王浚使其將祁弘帥鮮卑段務塵等十餘萬騎討勒，大敗勒于飛龍山，死者萬餘。

《通志》卷一百八十七《載記二·石勒》頁二九九〇上

封龍山，縣西北五十里。《史記》"趙武靈王伐中山，取封龍"，蓋因山以名邑。唐《十道志》："封龍，河北之名山也。"本名飛龍山，山勢如伏龍欲飛舉狀。峰巒泉石，回環錯列，稱爲奇勝，其最著者爲龍首、熊耳、華蓋諸峰。晉永嘉三年，幽州都督王浚遣其將祁弘率鮮卑擊石勒，戰於飛龍山，勒大敗，退屯黎陽。《括地志》云"封龍山在鹿泉縣西南四十五里"，蓋山當兩邑之交也。

《讀史方輿紀要》卷十四《北直五》頁六〇一

王浚使其將祁弘率鮮卑沒務塵等十餘萬騎討勒，戰於飛龍山下，勒師大敗，此段亦見《御覽》四十五。死者萬餘。

《十六國春秋輯補》卷十一《後趙錄一·石勒》頁七六

公元三一〇年　西晉懷帝永嘉四年

石勒陷襄城，太守崔曠遇害，遂至宛。王浚遣鮮卑文鴦帥騎救之，勒退。

《晉書》卷五《帝紀第五·孝懷帝》頁一二一

將北攻王浚，會浚將王甲始率遼西鮮卑萬餘騎敗趙固于津北，[六]勒乃燒船棄營，引軍向柏門，迎重門輜重，至于石門，濟河，攻襄城太守崔曠於繁昌，害之。

【校勘記】

〔六〕王甲始 《校文》:《懷帝紀》作"王申始",凡兩見。《御覽》八七六引《前趙錄》作"王申",亦不作"甲"。按:"申始"作"申"乃雙名單稱,《懷紀》與《前趙錄》合,疑此處"甲"字乃"申"形近而訛。

《晉書》卷一百四《載記第四·石勒上》頁二七一二、二七三一

會浚將王甲始率遼西鮮卑萬餘騎敗劉聰安北大將軍趙固于津北,勒乃燒船棄營,引軍向柏門,迎重門輜重,合于石門而濟。

《魏書》卷九十五《列傳第八十三·羯胡石勒》頁二〇四八

將北攻王浚,會浚將王甲始率遼西鮮卑萬餘騎敗趙固于津北,勒乃燒船棄營,濟河攻襄城。

《册府元龜》卷二二一《僭僞部·勳伐一》頁二六五二上

王浚,懷帝永嘉中爲大司馬。石勒陷襄城,遂至宛。浚遣鮮卑文鴦帥騎救宛,勒退。

《册府元龜》卷四一四《將帥部·赴援》頁四九二四上

石勒陷襄陽,太守崔曠遇害,遂至宛。王浚遣鮮卑文鴦帥騎救之,勒退。

《通志》卷十上《晉紀十上·孝懷皇帝》頁一八九中

将北攻王浚,會浚將王甲始率遼西鮮卑萬餘騎敗趙固于津北,勒乃燒船棄營,引軍向柏門,迎重門輜重,至于石門,濟河,攻襄城太守崔曠於繁昌,害之。

《通志》卷一百八十七《載記二·石勒》頁二九九〇中

将北攻王浚,會浚將王甲始率遼西鮮卑萬餘騎敗趙固於津北,勒乃燒船弃營,引軍向柏門,迎重門輜重,至於石門,濟河,攻襄城太守崔曠於繁昌,害之。

《十六國春秋輯補》卷十一《後趙録一·石勒》頁七七

懷帝即位,以浚爲司空,領烏丸校尉,務勿塵爲大單于。浚又表封務勿塵遼西郡公,其別部大飄滑及其弟渴末別部大屠瓮等皆爲親晉王。

《晉書》卷三十九《列傳第九·王沈附王浚》頁一一四七

懷帝即位,初以鮮卑務勿塵爲大單于。司空、領烏丸校尉王浚又表封務勿塵遼西郡公,其別部大飄滑及其弟渴末、別部大屠瓮等皆爲親晉王。

《册府元龜》卷九六三《外臣部·封册一》頁一一三二九下

懷帝即位,以鮮卑大人務勿塵爲大單于,率衆助國征討。

《册府元龜》卷九七三《外臣部·助國討伐》頁一一四三一上

戎狄封華郡,誠爲失禮;然蓋以救弊耳,亦猶浚先以遼西封務勿塵。此禮之失,浚實啓之。

《資治通鑑》卷八十七《晉紀九·懷帝永嘉四年》胡三省注頁二七五三

壬子,以劉琨爲平北大將軍,王浚爲司空,進鮮卑段務勿塵爲大單于。單,音蟬。

《資治通鑑》卷八十七《晉紀九·懷帝永嘉四年》頁二七五四

懷帝即位,以浚爲司空,領烏丸校尉,務勿塵爲大單于。浚又表封務勿塵遼西郡公,其別部大飄滑及其弟渴末別部大屠瓫等皆爲親晉王。

《通志》卷一百二十一下《列傳三十四下·王浚》頁一八六九上

公元三一〇至三一一年　西晉懷帝永嘉四至五年

永嘉中,石勒寇冀州,浚遣鮮卑文鴦討勒,勒走南陽。

《晉書》卷三十九《列傳第九·王沈附王浚》頁一一四七

永嘉中,石勒寇冀州,浚遣鮮卑文鴦討勒,勒走南陽。

《通志》卷一百二十一下《列傳三十四下·王浚》頁一八六九上

浚遣燕相胡矩督護諸軍，與疾陸眷并力攻破希。

《晉書》卷三十九《列傳第九·王沈附王浚》頁一一四八

劉琨長於招懷而短於撫御，一日之中，雖歸者數千，而去者亦相繼。琨遣子遵請兵於代公猗盧，又遣族人高陽内史希合衆於中山，幽州所統代郡、上谷、廣寧之民多歸之，廣寧縣，漢屬上谷郡，晉武帝太康中，分立廣寧郡；唐屬媯州界。衆至三萬。王浚怒，遣燕相胡矩督諸軍，燕，於賢翻。相，息亮翻。與遼西公段疾陸眷共攻希，殺之，驅略三郡士女而去。疾陸眷，務勿塵之子也。猗盧遣其子六脩將兵助琨戍新興。《考異》曰：《晉春秋》作"利孫"。按利孫即六脩也，胡語訛轉耳。余按孔穎達曰：聲相近者，聲轉字異。

《資治通鑑》卷八十七《晉紀九·懷帝永嘉五年》頁二七七二

浚遣燕相胡矩督護諸軍，與疾陸眷并力攻破希。

《通志》卷一百二十一下《列傳三十四下·王浚》頁一八六九中

時鮮卑單于段眷爲晉驃騎大將軍、遼西公，雅好人物，虛心延裕。裕謂友人成泮曰："仲尼喜佛肸之召，以匏瓜自喻，伊尹亦稱何事非君，何使非民，聖賢尚如此，況吾曹乎！眷今召我，豈徒然哉！"泮曰："今華夏分崩，九州幅裂，軌迹所及，易水而已。欲偃蹇考槃，以待大通者，俟河之清也。人壽幾何？古人以爲白駒之歎。少游有云，郡掾足以蔭後，況國相乎！卿追蹤伊孔，抑亦知機其神也。"裕乃應之。拜郎中令、中軍將軍，處上卿位。歷事段氏五主，甚見尊重。①

《晉書》卷一百九《載記第九·慕容皝附陽裕》頁二八二八

（陽裕）後爲段遼中軍將軍。

《册府元龜》卷八一八《總錄部·知子一》頁九七二九上

時鮮卑單于段眷爲晉驃騎大將軍、遼西公，雅好人物，虛心延裕。裕謂友人成泮曰："仲尼喜佛肸之召，以匏瓜自喻，伊尹亦稱何事非君，何使非民，聖賢尚如此，況吾曹乎！眷今召我，豈徒然哉！"泮曰："今華夏分崩，九州幅裂，軌迹所及，易水而已。欲偃蹇考槃，以待大通者，俟河之清也。人壽幾何？古人以爲白駒之歎。少游有云，郡掾足以蔭後，況國相乎！卿追蹤伊孔，抑亦知機其神也。"裕乃應之。拜郎中令、中軍將軍，處上卿位。歷事段氏五主，甚見尊重。

《通志》卷一百八十八《載記三·慕容皝附陽裕》頁三〇一九下

時鮮卑單于段疾陸眷爲晉驃騎大將軍、遼西公，雅好人物，虛心延裕。裕謂友人成泮曰："仲尼喜佛肸之召，以匏瓜自喻，伊尹亦稱何事非君，何使非民。聖賢尚如此，況吾曹

①陽裕附段氏，《通鑑》定於三年之後，今隨段疾陸眷即位之年而引出。

乎？眷今召我，豈徒然哉！"泮曰："今華夏分崩，九州幅裂，軌迹所及，易水而已。欲偃塞考槃，以待通者，俟河之清也。人壽幾何？古人以爲白駒之嘆。少游有云，郡掾足以蔭後，況國相乎！卿追蹤伊孔，抑亦知機其神也。"裕乃應之。拜郎中令、中軍將軍，處上卿位。歷事段氏五主，甚見尊重。

《十六國春秋輯補》卷二十五《前燕録三·慕容皝附陽裕》頁一九八至一九九

公元三一二年　西晉懷帝永嘉六年

使者未及發，會洛京傾覆，浚大樹威令，專征伐，遣督護王昌、中山太守阮豹等，率諸軍及務勿塵世子疾陸眷、并弟文鴦、從弟末柸，攻石勒於襄國。勒率衆來距，昌逆擊敗之。末柸逐北入其壘門，爲勒所獲。勒質末柸，遣間使求和，疾陸眷遂以鎧馬二百五十匹、金銀各一簏贖末柸，結盟而退。

《晉書》卷三十九《列傳第九·王沈附王浚》頁一一四七至一一四八

鮮卑段末波攻勒，衆甚盛。勒懼，問澄。澄曰："昨日寺鈴鳴云，明旦食時，當擒段末波。"勒登城望末波軍，不見前後，失色曰："末波如此，豈可獲乎！"更遣夔安問澄。澄曰："已獲末波矣。"時城北伏兵出，遇末波，執之。澄勸勒宥末波，遣還本國，勒從之，卒獲其用。

《晉書》卷九十五《列傳第六十五·藝術·佛圖澄》頁二四八六

（王）浚遣督護王昌及鮮卑段就六眷、末柸、匹磾等部衆五萬餘以討勒。時城隍未修，乃於襄國築隔城重柵，設鄣以待之。就六眷屯于渚陽，勒分遣諸將連出挑戰，頻爲就六眷所敗，又聞其大造攻具，勒顧謂其將佐曰："今寇來轉逼，彼衆我寡，恐攻圍不解，外救不至，内糧罄絶，縱孫吴重生，亦不能固也。吾將簡練將士，大陣於野以決之，何如？"諸將皆曰："宜固守以疲寇，彼師老自退，追而擊之，蔑不克矣。"勒顧謂張賓、孔萇曰："君以爲何如？"賓、萇俱曰："聞就六眷克來月上旬送死北城，其大衆遠來，戰守連日，以我軍勢寡弱，謂不敢出戰，意必懈怠。今段氏種衆之悍，末柸尤最，其卒之精勇，悉在末柸所，可勿復出戰，示之以弱。速鑿北壘爲突門二十餘道，候賊列守未定，出其不意，直衝末柸帳，敵必震惶，計不及設，所謂迅雷不及掩耳。末柸之衆既奔，餘自摧散。擒末柸之後，彭祖可指辰而定。"勒笑而納之，即以萇爲攻戰都督，造突門于北城。鮮卑入屯北壘，勒候其陣未定，躬率將士鼓譟于城上。會孔萇督諸突門伏兵俱出擊之，生擒末柸，就六眷等衆遂奔散。萇乘勝追擊，枕尸三十餘里，獲鎧馬五千匹。就六眷收其遺衆，屯于渚陽，遣使求和，送鎧馬金銀，并以末柸三弟爲質而請末柸。諸將并勸勒殺末柸以挫之，勒曰："遼西鮮卑，健國也，與我素無怨讎，爲王浚所使耳。今殺一人，結怨一國，非計也。放之必悦，不復爲王浚用矣。"於是納其質，遣石季龍盟就六眷于渚陽，結爲兄弟，就六眷等引還。

《晉書》卷一百四《載記第四·石勒上》頁二七一八至二七一九

西晉末，石勒據襄國，晉將王浚遣督護王昌及鮮卑段就六眷、末柸等部衆五萬餘以討勒。時城隍未修，乃築隔城重柵以待之。就六眷屯於渚陽，勒分遣諸將連出挑戰，頻爲就六眷所敗，又聞其大備攻具，勒顧謂其將佐曰："今寇來轉逼，彼衆我寡，恐攻圍不解，外救不至，内糧罄絶，必敗不能固也。吾將簡練將士，大陣於野以決之，何如？"諸將曰："宜固守以疲寇，彼師老自退，〔六二〕追而擊之，必克。"張賓曰："聞就六眷克來月上旬送死北城，今以我軍勢寡弱，謂不敢出戰，意必懈怠。今段氏種衆之悍，末柸尤最，其卒之精勇，悉在末柸所，可勿復出戰，示之以弱。速鑿北壘爲突門二十餘道，候賊列守未定，出其不意，直衝末柸帳，敵必震惶，計不及設，所謂迅雷不及掩耳。末柸之衆既奔，餘自摧散。擒末柸之後，王浚指辰而定。"勒納之，即以孔萇爲攻戰都督，造突門於北城。鮮卑入屯北壘，勒候其陣未定，躬率將士鼓譟於城上。〔六三〕會孔萇督諸突門伏兵俱出擊之，生擒末柸，就六眷等衆遂奔散。萇乘勝追擊，枕尸三十餘里，獲鎧甲馬五千匹。就六眷收其遺衆，屯於渚陽，遣使求和，送鎧馬金銀，并以末柸三弟爲質而請末柸。諸將并勸殺末柸以挫之，勒曰："遼西鮮卑與我素無怨讎，爲王浚所使耳。今殺一人，結怨一國，非計也。放之必悦，不復爲浚用矣。"於是納其質，而遣末柸。就六眷等引還，終獲其用也。

【校勘記】

〔六二〕宜固守以疲寇彼師老自退　"寇"原訛"老"，"師"字誤重，今據《晉書・石勒載記》上二七一八頁改删。按：北宋本、傳校本、明抄本、明刻本"寇"字不誤。

〔六三〕鼓譟於城上　"譟"原訛"操",據諸本改。

《通典》卷第一百五十五《兵八·出其不意》頁三九八〇至三九八一、三九九四

又曰:石勒據襄國,晉將王浚遣督護王昌及鮮卑段就六眷、末杯等部衆五萬餘以討勒。時城隍未修,乃築隔城重栅以待之。就六眷屯于渚陽,勒分遣諸將連出挑戰,頻爲六眷所敗。又聞其大造攻具,顧謂其將佐曰:"今寇來轉逼,彼衆我寡,恐攻圍不解,外救不至,内糧罄絶,必敗不能固也。吾將簡練將士,大陣於野以决之,何如?"諸將曰:"宜固守以疲寇,彼師老自退,追而擊之,必克。"張賓曰:"聞就六眷克來月上旬送死北城,今以我勢寡弱,謂不敢出戰,意必懈怠。今段氏種衆之悍,末杯尤最,其卒之精勇,悉在末杯,可勿復出戰,示之以弱。速鑿北壘爲突門二十餘,道候賊列守未定,出其不意,直衝末杯帳,敵必震惶,計不及設,所謂迅雷不及掩耳。末杯之衆既奔,餘自摧散,擒末杯之後,王浚指揮而定。"勒納之,即以孔萇爲攻戰都督,造突門于北城。鮮卑入屯北壘,勒候其陣未定,躬率將士鼓譟于城上。會孔萇督諸突門伏兵俱出擊之,生擒末杯,就六眷等衆遂奔散。萇乘勝追擊,枕尸三十餘里,獲鎧馬五千匹。就六眷收其遺衆,屯于渚陽,遣使求和,送鎧馬金銀,并以末杯三弟爲質而請末杯。諸將並勸殺末杯以挫之,勒曰:"遼西鮮卑,與我素無怨讎,爲王浚所使耳。今殺一人,結怨一國,非計也。放之必悦,不復爲浚用矣。"於是納其質而遣末杯,就六眷等引還,終獲其用。

《太平御覽》卷二八六《兵部一七·機略五》頁一三二二下至一三二三上

末柸城，在縣東北五十里。《隋圖經》云："末柸城即十六國時段疾六眷之從弟末柸自稱遼西公，與石勒相持，因築此城，號曰末柸城。"

《太平寰宇記》卷之五十八《河北道七·貝州》頁一一九九

王浚遣督護王昌率遼西鮮卑等部落五萬餘眾來討，勒欲挑戰，張賓諫曰："夫用兵，當以己所便，擊彼所不便，攻守形便，其力百倍。今段末柸強悍，且示之以弱，鑿北壘為突門二十餘道，伏精卒步騎五百，候賊列守未定，出其不意，雷鼓奮矛，直衝末柸帳，卒既奔走，餘自分散，擒末柸之後，彭祖可指辰而定也。"〔二〕勒從其計，遂生擒末柸，乘勝追擊，枕尸三十餘里，至是勒僭即皇帝位，遂定都，改元建平。

【校勘記】

〔二〕卒既奔走至指辰而定也　萬本"卒"上有"柸"字，無"餘自分散擒末柸之後"九字，同《元和郡縣圖志》卷一五邢州。"辰"，底本作"日"，據萬本及《晉書》卷一〇四《石勒載記》、《十六國春秋》卷一一《後趙錄》改。

《太平寰宇記》卷之五十九《河北道八·邢州》頁一二一二、一二二三

晉將王浚遣段就六眷部眾討石勒，屯于渚陽，謂此也。

《太平寰宇記》卷之五十九《河北道八·邢州》頁一二一八

（王）浚遣督護王昌及鮮卑段就六眷、朱杯、匹磾等部衆五萬餘以討勒。時城隍未脩，乃于襄國築隔城重柵，設障以待之。就六眷屯于渚陽，勒分遣諸將連出挑戰，頻爲就六眷所敗，又聞其大造攻具，勒顧謂其將佐曰："今寇來轉逼，彼衆我寡，恐圍不解，外救不至，内糧罄絕，縱孫吳重生，亦不能固也。吾將簡練將士，大陳於野以决之，何如？"諸將皆曰："宜固守以疲寇，彼師老自退，追而擊之，蔑不克矣。"勒顧謂張賓、孔萇曰："君以爲何如？"賓、萇俱曰："聞就六眷克來月上旬送死北城，其大衆遠來，戰守連日，以我軍勢寡弱，謂不敢出戰，意必懈怠。今段氏種衆之悍，朱杯尤最，其卒之精勇，悉在朱杯所，可勿復出戰，示之以弱。速鑿北壘爲突門二十餘道，候賊列守未定，出其不意，直衝朱杯帳，敵必震惶，計不及設，所謂迅雷不及掩耳。朱杯之衆既奔，餘自摧散。擒朱杯之後，彭祖可指辰而定。"勒笑而納之，即以萇爲攻戰都督，造突門于北城。鮮卑入屯北壘，勒候其陣未定，躬率將士鼓譟于城上。會孔萇督諸突門伏兵俱出擊之，生擒朱杯，就六眷等衆遂奔散。萇乘勝追擊，枕尸三十餘里，獲鎧馬五千匹。就六眷收其遺衆，屯于渚陽，遣使求和，送鎧馬金銀，并以朱杯三弟爲質而朱杯。諸將並勸勒殺朱杯以挫之，勒曰："遼東鮮卑，健國也，與我素無怨讎，爲王浚所使耳。今殺一人，結怨一國，非計也。放之必悅，不復爲浚用矣。"於是納其質，遣石季龍盟就六眷于渚陽，納爲兄弟，就六眷等引還。

　　《册府元龜》卷二二一《僭僞部·勳伐一》頁二六五三下至二六五四上

（王）浚遣督護王昌帥諸軍及遼西公段疾陸眷、《考異》曰：《石勒載記》及《後魏書》作"就陸眷"。今從《王浚傳》。疾陸眷弟匹磾、文鴦、從弟末柸磾，丁奚翻。從，才用翻。《考異》曰：《後魏書》作"末破"。今從《王浚傳》。部衆五萬攻勒於襄國。

疾陸眷屯于渚陽，班固《地理志》，《禹貢》絳水在信都入海。《水經注》：絳瀆北逕信都城東，散入澤渚，西至信都城東，連于廣川縣張甲故瀆，同歸于海。疾陸眷蓋屯是渚之陽也。勒遣諸將出戰，皆爲疾陸眷所敗。敗，補邁翻。疾陸眷大造攻具，將攻城，勒衆甚懼。勒召將佐謀之曰："今城塹未固，糧儲不多，彼衆我寡，外無救援，吾欲悉衆與之决戰，何如？"諸將皆曰："不如堅守以疲敵，待其退而擊之。"張賓、孔萇曰："鮮卑之種，種，章勇翻。段氏最爲勇悍，悍，下罕翻，又侯旰翻。而末柸尤甚，其銳卒皆在末柸所。今聞疾陸眷刻日攻北城，其大衆遠來，戰鬥連日，謂我孤弱，不敢出戰，意必懈惰，懈，古隘翻。宜且勿出，示之以怯，鑿北城爲突門二十餘道，《墨子·備突篇》曰：城，百步一突門。突門，用車兩輪，以木束之，塗其上，維置突門内。度門廣狹之，令人入門四尺中，置窐突。門旁爲橐，充竈狀；又置艾。寇即入，下輪而塞之，鼓橐薰之也。杜佑曰：突門，鑿城內爲闇門，多少臨事，令五六寸勿穿。或於中夜，於敵初來，營列未定，精騎從突門躍出，擊其無備，襲其不意。俟其來至，列守未定，出其不意，直衝末柸帳，彼必震駭，不暇爲計，破之必矣。末柸敗，則其餘不攻而潰矣。"勒從之，密爲突門。既而疾陸眷攻北城，勒登城望之，見其將士或釋仗而寢，乃命孔萇督銳卒自突門出擊之，見其釋仗而寢，知其懈也，乃命萇出戰，所謂見兵勢者也。城上鼓譟以助其勢。萇攻末柸帳，不能克而退。末柸逐之，入其壘門，爲勒衆所獲，疾陸眷等軍皆退走。萇乘勝追擊,枕尸三十餘里,枕,職任翻。獲鎧馬五千匹。鎧,可亥翻。疾陸眷收其餘衆,還屯渚陽。

勒質末柸,質,音致;下同。遣使求和於疾陸眷,使,疏吏翻。疾陸眷許之。文鴦諫曰:"今以末柸一人之故而縱垂亡之虜,得無爲王彭祖所怨,招後患乎!"疾陸眷不從,復以鎧馬金銀賂勒,復,扶又翻;下同。且以末柸三弟爲質而請末柸。諸將皆勸勒殺末柸,勒曰:"遼西鮮卑健國也,與我素無仇讎,爲王浚所使耳。今殺一人而結一國之怨,非計也。歸之,必深德我,不復爲浚用矣。"乃厚以金帛報之,遣石虎與疾陸眷盟于渚陽,結爲兄弟。疾陸眷引歸,王昌不能獨留,亦引兵還薊。勒召末柸,與之燕飲,誓爲父子,遣還遼西。末柸在塗,日南嚮而拜者三。由是段氏專心附勒,王浚之勢遂衰。孫武所謂"親而離之",此其近之矣。然段氏專心附勒者,末柸也,若匹磾、文鴦,則終身與勒抗。

《資治通鑑》卷八十八《晉紀十·懷帝永嘉六年》頁二七八六至二七八八

使者未及發,會洛京傾覆,浚大樹威令,專征伐,遣督護王昌、中山太守阮豹等,率諸軍及務勿塵世子疾陸眷、并弟文鴦、從弟末柸,攻石勒於襄國。勒率衆來距,昌逆擊敗之。末柸遂北入其壘門,爲勒所獲。勒質末柸,遣閒使求和,疾陸眷遂以鎧馬二百五十匹、金銀各一籠贖末柸,結盟而退。

《通志》卷一百二十一下《列傳三十四下·王浚》頁一八六九中

鮮卑段末波攻勒，衆甚盛。勒懼，問澄。澄曰："昨日寺鈴聲鳴云，明旦食時，當禽段末波。"勒登城望末波軍，不見前後，失色曰："末波如此，豈可獲乎！"更遣夔安問澄。澄曰："已獲末波矣。"時城北伏兵出，遇末波，執之。澄勸宥末波，遣還本國，勒從之，卒獲其用。

《通志》卷一百八十二《藝術傳二·佛圖澄》頁二九一六下

（王）浚遣督護王昌及鮮卑段就六眷、末柸、匹磾等部衆五萬餘以討勒。時城隍未修，乃於襄國築隔城重栅，設鄴以待之。就六眷屯于渚陽，勒分遣諸將連出挑戰，頻爲就六眷所敗，又聞其大造攻具，勒顧謂其將佐曰："今寇來轉逼，彼衆我寡，恐攻圍不解，外救不至，内糧罄絶，縱孫吳重生，亦不能固也。吾將簡練將士，大陣於野以決之，何如？"諸將皆曰："宜固守以疲寇，彼師老自退，追而擊之，蔑不克矣。"勒顧謂張賓、孔萇曰："君以爲何如？"賓、萇俱曰："聞就六眷克來月上旬送死此城，其大衆遠來，戰守連日，以我軍勢寡弱，謂不敢出戰，意必懈怠。今段氏種衆之悍，末柸尤最，其卒之精勇，悉在末柸所，可勿復出戰，示之以弱。速鑿北壘爲突門二十餘道，候賊列守未定，出其不意，直衝末柸帳，敵必震惶，計不及設，所謂迅雷不及掩耳。末柸之衆既奔，餘自摧散。擒末柸之後，彭祖可指辰而定。"勒笑而納之，即以萇爲攻戰都督，造突門于北城。鮮卑入屯北壘，勒候其陣未定，躬率將士鼓譟于城上。會孔萇督諸突門伏兵俱出擊之，生擒末柸，就六眷等衆遂奔散。萇乘勝追擊，枕尸三十餘里，獲鎧馬五千匹。就六眷收其遺衆，屯于渚陽，遣使求和，送鎧馬金銀，并以末柸三弟爲質而請末柸。諸將並勸勒殺末柸以挫之，勒曰："遼西鮮卑，健國也，與我素無怨讎，爲王浚所使耳。今殺一人，結怨一國，非計也。放之必悅，不復爲浚用矣。"於是納其質，遣石虎盟就六眷于渚陽，結爲兄弟，就六眷等引還。

《通志》卷一百八十七《載記二·石勒》頁二九九二上至二九九二中

渚鄉城，縣西南二十七里。本漢之張縣，屬廣平國，後漢縣省。俗謂之渚鄉城。晉永嘉末，幽州刺史王浚遣兵及遼西鮮卑段疾陸眷等攻石勒于襄國，〔二〕屯于渚鄉，即此城也。城在澤渚之陽，故曰渚鄉。

【校勘記】

〔二〕段疾陸眷 《晉書》卷一〇四《石勒載記》作"段就六眷"。

《讀史方輿紀要》卷十五《北直六》頁六六四、六九二

（王）浚遣督護王昌及鮮卑段就六眷、末柸、匹磾等部衆五萬餘以討勒。時城隍未修，乃於襄國築隔城，重栅設鄣以待之。就六眷屯於渚陽，勒分遣諸將連出挑戰，頻爲就六眷所敗。又聞其大造攻具，勒顧謂其將佐曰："今寇來轉逼，彼衆我寡，恐攻圍不解，外救不至，内糧罄絶，縱孫吳重生，亦不能固也。吾將簡練將士，大陣於野以決之，何如？"諸將皆曰："宜固守以疲寇，彼師老自退，追而擊之，蔑不克矣。"勒顧謂張賓、孔萇曰："君以爲何如？"賓、萇俱曰："聞就六眷克

來月上旬送死北城,其大衆遠來,戰守連日,以我軍勢寡弱,謂不敢出戰,意必懈怠。今段氏種衆之悍,末柸尤最,其卒之精勇,悉在末柸所。可勿復出戰,示之以弱,速鑿北壘,爲突門二十餘道,候賊列守未定,出其不意,直衝末柸帳,敵必震惶,計不及設,所謂迅雷不及掩耳。末柸之衆既奔,餘自摧散。擒末柸之後,彭祖可指辰而定。"勒笑而納之,即以萇爲攻戰都督,造突門於北城。鮮卑入屯北壘,勒候其陣未定,躬率將士鼓譟於城上。會孔萇督諸突門伏兵俱出擊之,生擒末柸,就六眷等衆遂奔散。萇乘勝追擊,枕尸三十餘里,獲鎧馬五千匹。就六眷收其遺衆,屯於渚陽,遣使求和,送鎧馬金銀,并以末柸三弟爲質而請末柸。諸將並勸勒殺末柸以挫之,勒曰:"遼西鮮卑,健國也。與我素無怨讎,爲王浚所使耳。今殺一人,結怨一國,非計也。放之必悅,不復爲王浚用矣。"於是納質,遣石季龍盟就六眷於渚陽,結爲兄弟,就六眷等引還。

《十六國春秋輯補》卷十一《後趙錄一·石勒》頁八二至八三

公元三一三年　西晉愍帝建興元年

浚還,欲討勒,使棗嵩督諸軍屯易水,召疾陸眷,將與之俱攻襄國。浚爲政苛暴,將吏又貪殘,並廣占山澤,引水灌田,漬陷冢墓,調發殷煩,下不堪命,多叛入鮮卑。從事韓咸切諫,浚怒,殺之。疾陸眷自以前後違命,恐浚誅之。勒亦遣使厚賂,疾陸眷等由是不應召。浚怒,以重幣誘單于猗盧子右賢王日律孫,令攻疾陸眷,反爲所破。

《晉書》卷三十九《列傳第九·王沈附王浚》頁一一四八

時百姓内叛，疾陸眷等侵逼。

《晉書》卷三十九《列傳第九·王沈附王浚》頁一一四九

命段末柸爲子，署爲使持節、安北將軍、北平公，遣還遼西。末柸感勒厚恩，在途日南面而拜者三，段氏遂專心歸附，自是王浚威勢漸衰。

《晉書》卷一百四《載記第四·石勒上》頁二七一九

王浚使棗嵩督諸軍屯易水，召段疾陸眷，欲與之共擊石勒，疾陸眷不至。以釋其弟末柸德石勒，故不肯會浚兵。浚怒，以重幣賂拓跋猗盧，并檄慕容廆等共討疾陸眷。廆，户罪翻。猗盧遣右賢王六脩將兵會之，爲疾陸眷所敗。敗，補邁翻。廆遣慕容翰攻段氏，取徒河、新城，至陽樂，陽樂縣，屬遼西郡。賢曰：陽樂，在今平州東。聞六脩敗而還，翰因留鎮徒河，壁青山。

初，中國士民避亂者，多北依王浚，浚不能存撫，又政法不立，士民往往復去之。復，扶又翻。段氏兄弟專尚武勇，不禮士大夫。唯慕容廆政事脩明，愛重人物，故士民多歸之。

《資治通鑑》卷八十八《晉紀十·愍帝建興元年》頁二七九七

（王）浚始者唯恃鮮卑、烏桓以爲强，既而皆叛之。

《資治通鑑》卷八十八《晉紀十·愍帝建興元年》頁二八〇四

（王）浚以段疾陸眷新叛，士民多棄己去，聞勒欲附之，甚喜,謂子春曰:"石公一時豪杰,據有趙、魏,乃欲稱藩於孤,其可信乎?"

《資治通鑑》卷八十八《晉紀十·愍帝建興元年》頁二八〇五

浚還,欲討勒,使棗嵩督諸軍屯易水,召疾陸眷,將與之俱攻襄國。浚爲政苛暴,將吏又貪殘,並廣占山澤,引水灌田,濆陷冢墓,調發殷煩,下不堪命,多叛入鮮卑。從事韓咸切諫,浚怒,殺之。疾陸眷自以前後違命,恐浚誅之。勒亦遣使厚賂,疾陸眷等由是不應召。浚怒,以重幣誘單于猗盧子右賢王日律孫,令攻疾陸眷,反爲所破。

《通志》卷一百二十一下《列傳三十四下·王浚》頁一八六九中

時百姓内叛,疾陸眷等侵逼。

《通志》卷一百二十一下《列傳三十四下·王浚》頁一八六九下

命段末柸爲子,署爲使持節、安北將軍、北平公,遣還遼西。末柸感勒厚恩,在途日南面而拜者三,段氏遂專心歸附,自是王浚威勢漸衰。

《通志》卷一百八十七《載記二·石勒》頁二九九二中

命段末柸爲子,署爲使持節、安北將軍、北平公,遣還遼西。末柸感勒厚恩,在途日南面而拜者三,段氏遂專心歸附。

自是王浚威勢漸衰。

　　《十六國春秋輯補》卷十二《後趙録二·石勒》頁八五

　　建興初侵遼西段氏地，西至陽樂。鮮卑段氏國於遼西令支，與慕容氏接境。陽樂故城，在徒河西南。令支見前。

　　《讀史方輿紀要》卷三《歷代州域形勢三》頁一二三

　　末柸城，縣東北五十里。晉建興初，幽州都督王浚使遼西鮮卑段疾六眷等與石勒相持。末柸，六眷之從弟也，嘗築城于此，因名。

　　《讀史方輿紀要》卷十五《北直六》頁六九〇

　　建興初幽州都督王浚檄慕容廆討遼西鮮卑段疾陸眷，廆遣子翰攻之，取徒河、新城，至陽樂，翰因留壁徒河之青山，後遂復置徒河縣。

　　《讀史方輿紀要》卷十八《北直九》頁八三一

　　新城，在徒河之西。晉永嘉中鮮卑段氏所置縣。慕容翰攻段疾陸眷，取其新城。

　　《讀史方輿紀要》卷十八《北直九》頁八三一

　　段末柸任弟亡歸遼西，勒大怒，所經令尉皆殺之。

　　《晉書》卷一百四《載記第四·石勒上》頁二七一九

　　段末柸任弟亡歸遼西，勒大怒，所經令尉皆殺之。

　　《通志》卷一百八十七《載記二·石勒》頁二九九二中

段末柸任弟亡歸遼西，勒大怒，所經令尉皆殺之。
《十六國春秋輯補》卷十二《後趙錄二·石勒》頁八五

裴嶷清方有幹略，爲昌黎太守，兄武爲玄菟太守。武卒，嶷與武子開以其喪歸，過廆，自玄菟西歸，道過棘城。菟，同都翻。廆敬禮之，及去，厚加資送。行及遼西，道不通，嶷欲還就廆。開曰："鄉里在南，奈何北行！且等爲流寓，段氏強，慕容氏弱，何必去此而就彼也！"嶷曰："中國喪亂，喪，息浪翻。今往就之，是相帥而入虎口也。帥，讀曰率。且道遠，何由可達！言昌黎去河東既遠，又路梗，無由得達。若俟其清通，又非歲月可冀。言天下方亂，道路未有清通之時。今欲求託足之地，豈可不慎擇其人。汝觀諸段，豈有遠略，且能待國士乎！慕容公修行仁義，有霸王之志，加以國豐民安，今往從之，高可以立功名，下可以庇宗族，汝何疑焉！"開乃從之。既至，廆大喜。陽耽清直沈敏，爲遼西太守，沈，持林翻。慕容翰破段氏於陽樂，獲之，廆禮而用之。游邃、逢羨、宋奭，皆嘗爲昌黎太守，逢，皮江翻。與黃泓俱避地於薊，後歸廆。王浚屢以手書召邃兄暢，暢欲赴之，邃曰："彭祖刑政不修，華、戎離叛，以邃度之，必不能久，兄且磐桓以俟之。"《易屯卦》初九爻辭曰：磐桓，利居貞。王弼曰：不可以進，故磐桓也。馬曰：磐桓，旋也。度，徒洛翻。暢曰："彭祖忍而多疑，頃者流民北來，命所在追殺之。今手書殷勤，我稽留不往，將累及卿。累，力瑞翻。且亂世宗族宜分，以冀遺種。"邃從之，卒與浚俱没。種，章勇翻。卒，子恤翻。宋該與平原杜群、劉翔先依王浚，又依段氏，皆以爲不足託，帥諸流寓同歸於廆。
《資治通鑑》卷八十八《晉紀十·愍帝建興元年》頁二七九八

公元三一四年　西晉愍帝建興二年

既而段匹磾在薊,遺書要續俱歸元帝,[一]續從之。其下諫曰:"今棄勒歸匹磾,任子危矣。"續垂泣曰:"我出身爲國,豈得顧子而爲叛臣哉!"遂絕於勒,勒乃害乂。續懼勒攻,先求救於匹磾,匹磾遣弟文鴦救續。文鴦未至,勒已率八千騎圍續。勒素畏鮮卑,及聞文鴦至,乃棄攻具東走。續與文鴦追勒至安陵,不及,虜勒所署官,并驅三千餘家,又遣騎入散勒北邊,[二]掠常山,亦二千家而還。

【校勘記】

〔一〕遺書要續　周校:"遺"誤"遣"。按:《通志》一二五作"遺"。

〔二〕又遣騎入散勒北邊　《通志》一二五"入散"作"入抄"。

《晉書》卷六十三《列傳第三十三·邵續》頁一七○三至一七○四、一七一七

既而段匹磾在薊,遺書要續俱歸元帝,續從之。其下諫曰:"今棄勒歸匹磾,任子危矣。"續垂泣曰:"我出身爲國,豈得顧子而爲叛臣哉!"遂絕於勒,勒乃害乂。續懼勒攻,先求救於匹磾,匹磾遣弟文鴦救續。文鴦未至,勒已率八千騎圍續。勒素畏鮮卑,及聞文鴦至,乃棄攻具東走。續與文鴦追勒至安陵,不及,虜勒所署官,并驅三千餘家,又遣散騎入勒北邊,略常山,亦二千家而還。

《册府元龜》卷七六○《總錄部·忠義一》頁九○四二下至九○四三上

会段匹磾以书邀续同归左丞相睿，续从之。其人皆曰："今弃勒归匹磾，其如乂何？"续泣曰："我岂得顾子而为叛臣哉！"杀异议者数人。勒闻之，杀乂。续遣刘胤使江东，使，疏吏翻。睿以胤为参军，以续为平原太守。石勒遣兵围续，匹磾使其弟文鸯救之，勒引去。

《资治通鉴》卷八十九《晋纪十一·愍帝建兴二年》页二八一五

既而段匹磾在蓟，遣书要续俱归元帝，续从之。其下谏曰："今弃勒归匹磾，任子危矣。"续垂泣曰："我出身为国，岂得顾子而为叛臣哉！"遂绝于勒，勒乃害乂。续惧勒攻，先求救于匹磾，匹磾遣弟文鸯救续。文鸯未至，勒已率八千骑围续。勒素畏鲜卑，及闻文鸯至，乃弃攻具东走。续与文鸯追勒至安陵，不及，虏勒所署官，并驱三千余家，又遣骑入抄勒北边，略常山，亦二千家而还。

《通志》卷一百二十五《列传三十八·邵续》页一九五四中

建兴二年石勒围续，鲜卑段匹磾使其弟文鸯救之，续与合兵拒石勒，屯于富城。富城，"富平"之讹也。厌次亦名富平矣。

《读史方舆纪要》卷三十一《山东二》页一四九七

勒将图浚，引子春问之。子春曰："幽州自去岁大水，人不粒食，浚积粟百万，不能赡恤，刑政苛酷，赋役殷烦，贼害贤良,誅斥諫士,下不堪命,流叛略盡。鮮卑、烏丸離貳于外,棗嵩、田矯貪暴于内,人情沮擾,甲士羸弊。而浚猶置立臺閣,布列百官,自言漢高、魏武不足並也。又幽州谣怪特甚,聞者莫不爲之寒心,浚意氣自若,曾無懼容,此亡期之至也。"

《晉書》卷一百四《載記第四·石勒上》頁二七二二

　　勒將圖浚,引子春問之。子春曰:"幽州自去歲大水,人不粒食,浚積粟百萬,不能贍恤,刑政苛酷,賦役殷煩,賊害賢良,誅斥諫士,下不堪命,流叛略盡。鮮卑、烏丸離貳于外,棗嵩、田矯貪暴于内,人情沮擾,甲士羸弊。而浚猶置立臺閣,布列百官,自言漢高、魏武不足並也。又幽州谣怪特甚,聞者莫不爲之寒心,浚意氣自若,曾無懼容,此亡期之至也。"

《通志》卷一百八十七《載記二·石勒》頁二九九三上

　　勒將圖浚,引子春問之。子春曰:"幽州自去歲大水,人不粒食。浚積粟百萬,不能贍恤,刑政苛酷,賦役殷煩,賊害賢良,誅斥諫士,下不畢命,流叛略盡。鮮卑、烏丸離貳於外,棗嵩、田矯貪暴於内,人情沮擾,甲士羸弊。而浚猶置立臺閣,布列百官,自言漢高、魏武不足並也。又幽州谣怪特甚,聞者莫不爲之寒心,浚意氣自若,曾無懼容。此亡期之至也。"

《十六國春秋輯補》卷十二《後趙録二·石勒》頁八七至八八

　　勒纂兵戒期,將襲浚,而懼劉琨及鮮卑、烏丸爲其後患,沈吟未發。

《晉書》卷一百四《載記第四·石勒上》頁二七二二

石勒纂嚴，將襲王浚，而猶豫未發。張賓曰："夫襲人者，當出其不意。今軍嚴經日而不行，豈非畏劉琨及鮮卑、烏桓爲吾後患乎？"

　　《資治通鑑》卷八十九《晉紀十一·愍帝建興二年》頁二八一一

　　勒纂兵戒期，將襲浚，而懼劉琨及鮮卑、烏丸爲其後患，沈吟未發。

　　《通志》卷一百八十七《載記二·石勒》頁二九九三上

　　勒纂兵戒期將襲浚，而懼劉琨及鮮卑、烏丸爲其後患，沈吟未決。

　　《十六國春秋輯補》卷十二《後趙錄二·石勒》頁八八

　　勒既還襄國，劉翰叛勒，奔段匹磾。

　　《晉書》卷一百四《載記第四·石勒上》頁二七二三

　　劉翰不欲從石勒，乃歸段匹磾，匹磾遂據薊城。磾，丁奚翻。王浚從事中郎陽裕，耽之兄子也，逃奔令支，令支縣，漢屬遼西，故孤竹君之國，晉省，段氏據之爲國都。應劭曰：令，音鈴。裴松之曰：支，其兒翻。師古曰：令，又音郎定翻。杜佑曰：令支，今北平郡盧龍縣即其地。依段疾陸眷。

　　《資治通鑑》卷八十九《晉紀十一·愍帝建興二年》頁二八一四

勒既還襄國,劉翰叛勒,奔段匹磾。
《通志》卷一百八十七《載記二·石勒》頁二九九三中

勒既還襄國,劉翰叛勒,奔段匹磾。
《十六國春秋輯補》卷十二《後趙錄二·石勒》頁八九

建興二年襲入幽州,時幽州治薊。勒執王浚殺之。大掠而還。州旋入於段匹磾。大興二年匹磾爲段末柸等所敗,南奔樂陵,薊始入於石勒。
《讀史方輿紀要》卷三《歷代州域形勢三》頁一二一

晉建興二年,石勒入薊,執幽州都督王浚,以故尚書劉翰行幽州刺史。翰以幽州入於段匹磾,其後復并於石勒。
《讀史方輿紀要》卷十一《北直二》頁四三九

公元三一六年　西晉愍帝建興四年

己未,劉琨奔薊,依段匹磾。
《晉書》卷五《帝紀第五·孝愍帝》頁一三一

建興末,隨琨投段匹磾。匹磾自領幽州,取諶爲別駕。
《晉書》卷四十四《列傳第十四·盧欽附盧諶》頁一二五九

幽州刺史鮮卑段匹磾數遣信要琨,欲與同獎王室。琨由是率衆赴之,從飛狐入薊。匹磾見之,甚相崇重,與琨結婚,約爲兄弟。
《晉書》卷六十二《列傳第三十二·劉琨》頁一六八五

（劉）琨長史李弘以并州降于勒，琨遂奔于段匹磾。
《晉書》卷一百四《載記第四·石勒上》頁二七二五

司空長史李弘以并州降石勒。劉琨爲司空，以弘爲長史。并州，時治陽曲。劉琨進退失據，不知所爲，段匹磾遣信邀之，己未，琨帥衆從飛狐奔薊。恒山在常山上曲陽縣西北，有阪，號飛狐口。磾，丁奚翻。薊，音計。匹磾見琨，甚相親重，與之結婚，約爲兄弟。
《資治通鑑》卷八十九《晉紀十一·愍帝建興四年》頁二八三八至二八三九

己未，劉琨奔薊，依段匹磾。
《通志》卷十上《晉紀十上·孝愍皇帝》頁一九一中

建興末，隨琨投段匹磾。匹磾自領幽州，取諶爲別駕。
《通志》卷一百二十二《列傳三十五·盧諶》頁一八九〇下

幽州刺史鮮卑段匹磾遣信要琨，欲與同獎王室。琨由是率衆赴之，從飛狐入薊。匹磾見之，甚相崇重，與琨結婚，約爲兄弟。
《通志》卷一百二十五《列傳三十八·劉琨》頁一九五一中

（劉）琨長史李弘以并州降于勒，琨遂奔于段匹磾。
《通志》卷一百八十七《載記二·石勒》頁二九九四上

（劉）琨長史李弘以并州來降，琨遂奔於段匹磾。

《十六國春秋輯補》卷十二《後趙錄二·石勒》頁九〇

四年取并州，時并州治陽曲。劉琨失并州，走歸段匹磾。北至代郡。勒將孔萇追殺故代將箕澹於代郡。代郡，《載記》作"桑乾"。胡氏曰："此後魏之代郡。"非也，漢代郡南境有桑乾川。

《讀史方輿紀要》卷三《歷代州域形勢三》頁一二一

建興三年，①劉琨自太原奔段匹磾。時匹磾治薊，琨別屯征北小城是也。

《讀史方輿紀要》卷十一《北直二》頁四四四

晉建興四年并州陷於石勒，劉琨自代出飛狐奔冀，歸段匹磾。

《讀史方輿紀要》卷三十九《山西一》頁一八〇一

石勒使石虎攻劉演于廩丘，幽州刺史段匹磾使其弟文鴦救之；磾，丁奚翻。虎拔廩丘，演奔文鴦軍，虎獲演弟啓以歸。

《資治通鑑》卷八十九《晉紀十一·愍帝建興四年》頁二八三一

公元三一七年　東晉元帝建武元年

六月丙寅，司空、并州刺史、廣武侯劉琨，幽州刺史、左賢

---

① 據《晉書》劉琨依段匹磾當爲建興四年。

王、渤海公段匹磾，領護烏丸校尉、鎮北將軍劉翰，單于、廣甯公段辰，遼西公段眷，冀州刺史、祝阿子邵續，青州刺史、廣饒侯曹嶷，兗州刺史、定襄侯劉演，東夷校尉崔毖，鮮卑大都督慕容廆等一百八十人上書勸進……

《晉書》卷六《帝紀第六·元帝》頁一四五

劉琨、段匹磾相與歃血同盟，磾，丁奚翻。歃，色洽翻，歠也。期以翼戴晉室。辛丑，琨檄告華、夷，遣兼左長史、右司馬溫嶠，匹磾遣左長史榮邵，奉表及盟文詣建康勸進。漢之禪于魏也，文帝三讓，魏朝群臣累表請順天人之望，此則勸進之造端也。晉受魏禪，何曾等亦然。是時愍帝蒙塵，四海無君，琨等勸進，爲得其正。

《資治通鑑》卷九十《晉紀十二·元帝建武元年》頁二八四四至二八四五

六月丙寅，司空、并州刺史、廣武侯劉琨，幽州刺史、左賢王、渤海公段匹磾，領護烏丸校尉、鎮北將軍劉翰，單于、廣寧公段辰，遼西公段眷，冀州刺史、祝阿子邵續，青州刺史、廣饒侯曹嶷，兗州刺史、定襄侯劉演，東夷校尉崔毖，鮮卑大都督慕容廆等一百八十人上書勸進。

《通志》卷十下《晉紀十下·元皇帝》頁一九三中至一九三下

建武元年，琨與匹磾期討石勒，匹磾推琨爲大都督，歃血載書，檄諸方守，俱集襄國。琨、匹磾進屯固安，以俟衆軍。匹磾從弟末波納勒厚賂，獨不進，乃沮其計。琨、匹磾以勢弱而退。

《晉書》卷六十二《列傳第三十二·劉琨》頁一六八五

劉琨與段匹磾、涉復辰、疾六眷、段末柸等會于固安，將謀討勒，勒使參軍王續齎金寶遺末柸以間之。末柸既思有以報勒恩，又忻於厚賂，乃説辰眷等引還，琨、匹磾亦退如薊城。

《晉書》卷一百四《載記第四·石勒上》頁二七二七

段匹磾推劉琨爲大都督，磾，丁奚翻。檄其兄遼西公疾陸眷及叔父涉復辰、弟末柸等會于固安，固安縣，漢屬涿郡；魏、晉改涿郡曰范陽，固安曰故安。劉昫曰：唐易州易縣，古故安縣地。共討石勒。末柸説疾陸眷、涉復辰曰：説，輸芮翻。"以父兄而從子弟，恥也；且幸而有功，匹磾獨收之，吾屬何有哉！"各引兵還。琨、匹磾不能獨留，亦還薊。薊，音計。

《資治通鑑》卷九十《晉紀十二·元帝建武元年》頁二八四七至二八四八

建武元年，琨與匹磾期討石勒，匹磾推琨爲大都督，歃血載書，檄諸方守，俱集襄國。琨、匹磾進屯固安，以俟衆軍。匹磾從弟末波納勒厚賂，獨不進，乃沮其計。琨、匹磾以勢弱而退。

《通志》卷一百二十五《列傳三十八·劉琨》頁一九五一中至一九五一下

劉琨與段匹磾、涉復辰、疾六眷、段末柸等會于固安，將謀討勒，勒使參軍王續齎金寶遺末柸以聞之。末柸既思有以報勒恩，又忻於厚賂，乃説辰、眷等引還，琨、匹磾亦退如薊城。

《通志》卷一百八十七《載記二·石勒》頁二九九四中

劉琨與段匹磾、涉復辰、疾六眷、段末柸等會於固安，將謀討勒。勒使參軍王續齎金寶遺末柸以間之。末柸既思有以報勒恩，又忻於厚賂，乃説辰、眷等引還，琨、匹磾亦退如薊城。

《十六國春秋輯補》卷十二《後趙録二·石勒》頁九一

公元三一八年　東晉元帝太興元年

五月癸丑，使持節、侍中、都督、太尉、并州刺史、廣武侯劉琨爲段匹磾所害。

《晉書》卷六《帝紀第六·元帝》頁一五〇

匹磾既害琨，尋亦敗喪。時南路阻絶，段末波在遼西，諶往投之。

《晉書》卷四十四《列傳第十四·盧欽附盧諶》頁一二五九

匹磾奔其兄喪，琨遣世子群送之，而末波率衆要擊匹磾而敗走之，群爲末波所得。末波厚禮之，許以琨爲幽州刺史，共結盟而襲匹磾，密遣使齎群書請琨爲内應，而爲匹磾邏騎所得。時琨別屯故征北府小城，不之知也。因來見匹磾，匹碑以群書示琨曰:"意亦不疑公,是以白公耳。"琨曰:"與公同盟,志獎王室,仰憑威力,庶雪國家之耻。若兒書密達,亦終不以一子之故負公忘義也。"匹磾雅重琨,初無害琨志,將聽還屯。其中弟叔軍好學有智謀,爲匹磾所信,謂匹磾曰:"吾胡夷耳,所以能服晉人者,畏吾衆也。今我骨肉構禍,是其良圖之日,若有奉琨以起,吾族盡矣。"匹磾遂留琨。琨之庶長子遵懼誅,與琨左長史楊橋、并州治中如綏閉門自守。匹磾諭之不得,因縱兵攻之。琨將龍季猛迫於乏食,遂斬橋、綏而降。

《晉書》卷六十二《列傳第三十二·劉琨》頁一六八五至一六八六

斯謀未果,竟爲匹磾所拘。

《晉書》卷六十二《列傳第三十二·劉琨》頁一六八六

然琨既忠於晉室,素有重望,被拘經月,遠近憤歎。匹磾所署代郡太守辟閭嵩,與琨所署雁門太守王據、後將軍韓據連謀,密作攻具,欲以襲匹磾。而韓據女爲匹磾兒妾,聞其謀而告之匹磾,於是執王據、辟閭嵩及其徒黨悉誅之。會王敦密使匹磾殺琨,匹磾又懼衆反己,遂稱有詔收琨。初,琨聞敦使至,謂其子曰:"處仲使來而不我告,是殺我也。死生有命,但恨讎耻不雪,無以下見二親耳。"因歔欷不能自勝。匹磾遂縊之,時年四十八。子姪四人俱被害。〔一二〕朝廷以匹磾尚強,當爲國討石勒,不舉琨哀。

【校勘記】

〔一二〕子姪四人俱被害　據下盧諶、崔悅表云"禍害父息四人，從兄二息同時並命"，敦煌石室本《晉紀》亦云"害琨父息四人，兄息、從兄息二人"，則此傳"四人"當作"六人"。

《晉書》卷六十二《列傳第三十二·劉琨》頁一六八七、一七〇一

　　及琨爲匹磾所害，琨從事中郎盧諶等率餘衆奉群依末波。

《晉書》卷六十二《列傳第三十二·劉琨》頁一六九一

　　贊曰：越石才雄，臨危效忠。枕戈長息，投袂徵功。踦驅汾晉，契闊獯戎。見欺段氏，于嗟道窮！祖生烈烈，夙懷奇節。扣楫中流，誓清凶孼。鄰醜景附，遺萌載悦。天妖是徵，國恥奚雪！

《晉書》卷六十二《列傳第三十二·劉琨》頁一七〇〇

　　會琨爲段匹磾所害，嶠表琨忠誠，雖勳業不遂，然家破身亡，宜在褒崇，以慰海内之望。帝然之。

《晉書》卷六十七《列傳第三十七·溫嶠》頁一七八六

　　今聖朝肇建，漸振宏綱，往段匹磾遣使求效忠節，尚未有勞，便以方州與之。

《晉書》卷九十八《列傳第六十八·王敦》頁二五五五

段末杯殺鮮卑單于截附真，立忽跋鄰爲單于。段匹磾自幽州攻末杯，末杯逆擊敗之，匹磾奔還幽州，因害太尉劉琨，琨將佐相繼降勒。末杯遣弟騎督擊匹磾于幽州，匹磾率其部衆數千，將奔邵續，勒將石越要之于鹽山，大敗之，匹磾退保幽州。

《晉書》卷一百四《載記第四·石勒上》頁二七二七

又曰：段匹磾所立代郡太守辟閭嵩，與劉琨雁門太守王處、後軍謀殺磾奉琨，密作攻具，欲夜襲磾。磾兒強取處女爲妾，遂以攻具告磾，磾遂斬王處、辟閭嵩及其徒黨。

《太平御覽》卷三三六《兵部六七·攻具上》頁一五四三上

琨爲段匹磾所害，嶠表琨忠誠，雖勳業不遂，然家破身亡，宜在褒崇，以慰海内之望。帝然之。

《册府元龜》卷三七〇《將帥部·忠一》頁四四〇二下

今聖朝肇建，漸振宏綱，往段匹磾遣使求效忠節，尚未有勞，便以方州與之。

《册府元龜》卷四〇八《將帥部·退讓一》頁四八五五上

温嶠字太真，元帝初，鎮江左，嶠爲司空劉琨右司馬。及琨爲并州都督，琨爲段匹磾所害，從事中郎盧諶等率餘衆奉其子群依段末波。嶠前後表稱姨弟劉群、内弟崔悦、盧諶等，"皆在末波中翹首南望，愚謂此等並有文思，於人之中，少可愍惜。如蒙錄召，繼絕興亡，則陛下更生之恩，亘古無二。"

《册府元龜》卷八六七《總錄部·内舉》頁一〇二九一下

劉琨鎮荊州，父母爲劉聰所害。琨與段匹磾期討寇，琨慮及危亡而大恥不雪，亦知匹磾夷狄難以義伏，冀輸寫至誠，僥倖萬一。每見將佐，發言慷慨，悲其道窮，欲率部曲死於賊壘。斯謀未果，竟爲匹磾所拘。自知必死，神色怡如也。爲五言詩贈其別駕盧諶曰："幄中有懸璧，本自荊山球。惟彼太公望，昔是渭濱叟。鄧生何感激，千里來相求。白登幸曲逆，鴻門賴留侯。重耳憑五賢，小白相射鈎。能隆二霸主，安問黨與讎。中夜撫枕歎，相與數子遊。吾衰久矣夫，何其不夢周？誰云聖達節，知命故無憂。宣尼悲獲麟，西狩涕孔丘。功業未及建，夕陽忽西流。時哉不我與，去矣如雲浮。朱實隕勁風，繁英落素秋。狹路傾華蓋，駭駟摧雙輈。何意百鍊剛，化爲繞指柔。"琨詩託意非常，攄暢幽憤，遠想張、陳，感鴻門、白登之事，用以激諶。諶素無奇略，以常詞酬和，殊乖琨心。會王敦密使匹磾殺琨，琨聞敦使至，謂其子曰："處仲使來而不我告，處仲敦字。是殺我也。死生有命，但恨仇恥不雪，無以下見二親爾。"因歔欷不能自勝。

《册府元龜》卷九〇九《總錄部·窮愁》頁一〇七六一下至一〇七六二上

劉琨元帝時爲太尉，既爲段匹磾所拘，自知必死，神色怡如也，爲五言詩贈其別駕盧諶。

《册府元龜》卷九五三《總錄部·困辱》頁一一二二八上

春，正月，遼西公疾陸眷卒，其子幼，叔父涉復辰自立。段匹磾自薊往奔喪；段末杯宣言："匹磾之來，欲爲篡也。"匹磾至右北平，劉昫曰：唐薊州漁陽縣，古右北平郡治所。磾，丁奚翻。涉復辰發兵拒之。末柸乘虛襲涉復辰，殺之，并其子弟黨與，自稱單于。迎擊匹磾，敗之；單，音蟬。敗，補邁翻。匹磾走還薊。薊，音計。

《資治通鑑》卷九十《晉紀十二‧元帝太興元年》頁二八五三

段匹磾之奔疾陸眷喪也，劉琨使其世子群送之。匹磾敗，群爲段末柸所得。末柸厚禮之，許以琨爲幽州刺史，欲與之襲匹磾，密遣使齎群書，請琨爲内應，爲匹磾邏騎所得。磾，丁奚翻。邏，郎佐翻。時琨別屯征北小城，不知也，征北小城，蓋征北將軍所治。來見匹磾。匹磾以群書示琨曰："意亦不疑公，是以白公耳。"琨曰："與公同盟，庶雪國家之恥，若兒書密達，亦終不以一子之故負公而忘義也。"匹磾雅重琨，雅，素也。初無害琨意，將聽還屯。其弟叔軍謂匹磾曰："我，胡夷耳；所以能服晉人者，畏吾衆也。今我骨肉乖離，謂與末柸相攻也。是其良圖之日；若有奉琨以起，吾族盡矣。"匹磾遂留琨。琨之庶長子遵懼誅，與琨左長史楊橋等閉門自守，長，知兩翻。匹磾攻拔之。代郡太守辟閭嵩、《姓譜》：衛文公支孫居楚丘，營辟閭里，因爲辟閭氏。後將軍韓據復潛謀襲匹磾，事泄，匹磾執嵩、據及其徒黨，悉誅之。五月，癸丑，匹磾稱詔收琨，縊殺之，并殺其子姪四人。縊，於賜翻，又於計翻。琨從事中郎盧諶、崔悦等帥琨餘衆奔遼西，諶，氏壬翻。帥，讀曰率；下同。依段末柸，奉劉群爲主；將佐多奔石勒。悦，林之曾孫也。崔林仕魏，位至司空。朝廷以匹磾尚強，冀其能平河朔，乃不爲琨舉哀。爲，于僞翻；下同。溫嶠表"琨盡忠帝室，家破身亡，宜在褒恤；"盧諶、崔悅因末柸使者，亦上表爲琨訟冤。後數歲，乃贈琨太尉、侍中，諡曰愍。於是夷、晉以琨死，皆不附匹磾。

末柸遣其弟攻匹磾，匹磾帥其衆數千將奔邵續，勒將石越邀之於鹽山，鹽山，在勃海高城縣；隋改高城曰鹽山縣，宋白曰：鹽山在縣東南八十里。匹磾與琨結盟，同獎晉室；既殺琨，而匹磾之勢亦衰，終爲石勒禽矣。大敗之，敗，補邁翻。匹磾復還保薊。末柸自稱幽州刺史。

《資治通鑑》卷九十《晉紀十二‧元帝太興元年》頁二八五八至二八五九

劉虎自朔方侵拓跋鬱律西部，虎徙朔方，見八十七卷懷帝永嘉四年。秋，七月，鬱律擊虎，大破之。虎走出塞，從弟路孤帥其部落降于鬱律。帥，讀曰率。降，戶江翻。於是鬱律西取烏孫故地，東兼勿吉以西，《唐書‧北狄列傳》曰，黑水靺鞨，居肅慎地，亦曰挹婁，元魏謂之勿吉。《通鑑》蓋因魏收《魏書》書之。鬱律所取者，勿吉以西之地，未能兼勿吉也；徒河慕容、令支段氏及宇文部、高句麗，亦非鬱律所能制伏。士馬精強，雄於北方。

《資治通鑑》卷九十《晉紀十二‧元帝太興元年》頁二八六○至二八六一

五月癸丑，使持節、侍中、都督、太尉、并州刺史、廣武侯劉琨爲段匹磾所害。

《通志》卷十下《晉紀十下‧元皇帝》頁一九四上

匹磾既害琨,尋亦敗喪。時南路阻絕,段末波在遼西,諶往投之。

《通志》卷一百二十二《列傳三十五·盧諶》頁一八九〇下

匹磾奔其兄喪,琨遣世子群送之,而末波率衆要擊匹磾而敗走之,群爲末波所得。末波厚禮之,許以琨爲幽州刺史,共結盟而襲匹磾,密遣使齎群書請琨爲內應,而爲匹磾邏騎所得。時琨別屯故征北府小城,不之知也。因來見匹磾,匹磾以群書示琨曰:"意亦不疑公,是以白公耳。"琨曰:"與公同盟,志獎王室,仰憑威力,庶雪家國之恥。若兒書密達,亦終不以一子之故負公而忘義也。"匹磾雅重琨,初無害琨意,將聽還屯。其弟叔軍好學有智謀,爲匹磾所信,謂匹磾曰:"吾胡夷耳,所以能服晉人者,畏吾衆也。今我骨肉構禍,是其良圖之日,若有奉琨以起,吾族盡矣。"匹磾遂留琨。琨之庶長子遵懼誅,與琨左長史楊橋、并州治中如綏閉門自守。匹磾諭之不得,因縱兵攻之。琨將龍季猛迫於乏食,遂斬橋、綏而降。

《通志》卷一百二十五《列傳三十八·劉琨》頁一九五一下

斯謀未畢,竟爲匹磾所拘。

《通志》卷一百二十五《列傳三十八·劉琨》頁一九五一下

然琨既忠於晉室,素有重望,被拘經月,遠近憤歎。匹磾所署代郡太守辟閭嵩,與琨所署雁門太守王據、後將軍韓據連謀,密作攻具,欲以襲匹磾。而韓據女爲匹磾兒妾,聞其謀而告之匹磾，於是執王據、辟閭嵩及其徒黨悉誅之。會王敦密使匹磾殺琨，匹磾又懼衆反己，遂稱有詔收琨。初，琨聞敦使至，謂其子曰："處仲使來而不我告，是殺我也。死生有命，但恨讎恥不雪，無以下見二親耳。"因歔欷不能自勝。匹磾遂縊之，年四十八。子姪四人俱被害。朝廷以匹磾尚强，當爲國討石勒，不舉琨哀。

《通志》卷一百二十五《列傳三十八·劉琨》頁一九五一下至一九五二上

及琨爲匹磾所害，琨從事中郎盧諶等率餘衆奉羣依末波。

《通志》卷一百二十五《列傳三十八·劉琨》頁一九五二上

溫嶠前後表稱姨弟劉羣、内弟崔悦、盧諶等皆在末波中，翹首南望。

《通志》卷一百二十五《列傳三十八·劉琨》頁一九五二上

會琨爲段匹磾所害，嶠表琨忠誠，雖勳業不遂，然家破身亡，宜在襃崇，以慰海内之望。帝然之。

《通志》卷一百二十六《列傳三十九·溫嶠》頁一九六五下

今聖朝肇建，漸振宏綱，往段匹磾遣使求效忠節，尚未有勞，便以方州與之。

《通志》卷一百三十《列傳四十三·王敦》頁二〇四五中

段末柸殺鮮卑單于截附真，立忽跋鄰爲單于。段匹磾自幽州攻末柸，末柸逆擊敗之，匹磾奔還幽州，因害太尉劉琨，琨將佐相繼降勒。末柸遣弟騎督擊匹磾于幽州，匹磾率其部衆數千，將奔邵續，勒將石越要之于鹽山，大敗之，匹磾退保幽州。

《通志》卷一百八十七《載記二·石勒》頁二九九四中

劉琨，中山魏昌人。以斬石超，迎大駕於長安，封廣武侯。後爲段匹磾所殺，謚愍，子群嗣。

《文獻通考》卷二百七十一《封建十二·晉五等侯》頁二一五一下

鹽山，縣東南八十里。地產鹽，因名。晉大興初，段匹磾據薊，爲段末柸所攻，將南奔樂陵太守邵續，石勒遣將石越邀敗之於鹽山，即此。

《讀史方輿紀要》卷十三《北直四》頁五八四

段末柸殺鮮卑單于截附真，即涉復辰。位忽跋鄰爲單于。段匹磾自幽州攻末柸，末柸逆擊敗之。匹磾奔還幽州，因害太尉劉琨，琨將佐相繼降勒。末柸遣弟騎督擊匹磾於幽州，匹磾率其部衆數千，將奔邵續。勒將石越要之於鹽山，大敗之，匹磾退保幽州。

《十六國春秋輯補》卷十二《後趙録二·石勒》頁九一至九二

公元三一九年　東晉元帝太興二年　後趙明帝元年

莫廆死,子遜昵延立,率衆攻慕容廆於棘城。廆子翰先戍於外,遜昵延謂其衆曰:"翰素果勇,必爲人患,宜先取之,城不足憂也。"乃分騎數千襲翰。翰聞之,〔一七〕使人詐爲段末波使者,逆謂遜昵延曰:"翰數爲吾患,久思除之,今聞來討,甚善,戒嚴相待,宜兼路早赴。"

【校勘記】

〔一七〕翰聞之　諸本脱"翰"字,今據《北史》卷九八補。

《魏書》卷一百三《列傳第九十一·宇文莫槐》頁二三〇四、二三一七

莫廆死,子遜昵延立,率衆攻慕容廆於棘城。廆子翰先戍於外,遜昵延謂其衆曰:"翰素果勇,必爲人患,宜先取之,城不足憂也。"乃分騎數千襲翰。翰聞之,使人詐爲段末波使者,逆謂遜昵延曰:"翰數爲吾患,久思除之,今聞來討,甚善。戒嚴相待,宜兼路早赴。"

《北史》卷九十八《列傳第八十六·匈奴宇文莫槐》頁三二六七

莫廆死,子遜昵延立,率衆攻慕容廆於棘城。廆子翰先戍於外,遜昵延謂其衆曰:"翰素果勇,必爲人患,宜先取之,棘城不足憂也。"乃分騎數千襲翰。翰聞之,使人詐爲段末波使者,逆謂遜昵延曰:"翰數爲吾患,久思除之,今聞來討,甚

善,當戒嚴相待,宜兼路早赴。"

《通志》卷二百《四夷傳七·北國下·宇文莫槐》頁三二〇二下

　　時平州刺史、東夷校尉崔毖自以爲南州士望,意存懷集,而流亡者莫有赴之。毖意廆拘留,乃陰結高句麗及宇文、段國等,謀滅廆以分其地。太興初,三國伐廆,廆曰:"彼信崔毖虛説,邀一時之利,烏合而來耳。既無統一,莫相歸伏,吾今破之必矣。然彼軍初合,其鋒甚銳,幸我速戰。若逆擊之,落其計矣。靖以待之,必懷疑貳,迭相猜防。一則疑吾與毖譎而覆之,二則自疑三國之中與吾有韓魏之謀者,待其人情沮惑,然後取之必矣。"於是三國攻棘城,廆閉門不戰,遣使送牛酒以犒宇文,大言於衆曰:"崔毖昨有使至。"於是二國果疑宇文同於廆也,引兵而歸。宇文悉獨官曰:"二國雖歸,吾當獨兼其國,何用人爲!"盡衆逼城,連營三十里。廆簡鋭士配皝,推鋒於前;翰領精騎爲奇兵,從旁出,直衝其營;廆方陣而進。悉獨官自恃其衆,不設備,見廆軍之至,方率兵距之。前鋒始交,翰已入其營,縱火焚之,其衆皆震擾,不知所爲,遂大敗,悉獨官僅以身免,盡俘其衆。於其營候獲皇帝玉璽三紐,遣長史裴嶷送于建鄴。崔毖懼廆之仇己也,使兄子燾僞賀廆。會三國使亦至請和,曰:"非我本意也,崔平州教我耳。"廆將燾示以攻圍之處,臨之以兵,曰:"汝叔父教三國滅我,何以詐來賀我乎?"燾懼,首服。廆乃遣燾歸説毖曰:"降者上策,走者下策也。"以兵隨之。毖與數十騎棄家室奔于高句麗,廆悉降其衆,徙燾及高瞻等于棘城,待以賓禮。

《晉書》卷一百八《載記第八‧慕容廆》頁二八〇六至二八〇七

（崔）毖之與三國謀伐廆也，瞻固諫以爲不可，毖不從。及毖奔敗，瞻隨衆降于廆。

《晉書》卷一百八《載記第八‧慕容廆附高瞻》頁二八一三

東晉初，前燕慕容廆胡罪切封略漸廣，據棘城。晉平州刺史、東夷校尉崔毖陰結高句麗及宇文、段國等，謀滅廆以分其地。太興初，三國伐廆，廆曰："彼信崔毖虛説，邀一時之利，烏合而來耳。既無統一，莫相歸伏，吾今破之必矣。然彼軍初合，其鋒甚鋭，幸我速戰。若逆擊之，落其計矣。靖以待之，[八三]必懷疑貳，迭相猜防。一則疑吾與毖譎而覆之，[八四]二則自疑三國之中與吾有韓魏之謀者，待其人情沮惑，然後取之必矣。"於是三國攻棘城，廆閉門不戰，遣使送牛酒以犒宇文，大言於衆曰："崔毖昨有使至。"於是二國果疑宇文同於廆也，引兵而歸。宇文悉獨官曰："二國雖歸，吾當獨兼其國，何用人爲。"盡衆逼城，連營三十里。廆簡鋭士配皝，音晃。推鋒於前，[八五]翰領精騎爲奇兵，從傍出，直衝其營；廆方陣而進。悉獨官自恃其衆，不設備，見廆軍之至，方率兵拒之。前鋒始交，翰已入其營，縱火焚之，衆遂大敗。皝、翰皆廆之子。

【校勘記】

〔八三〕靖以待之 "靖"原作"静"，據《晉書‧慕容廆載記》二八〇六頁及北宋本、傅校本、明刻本、王吴本改。

〔八四〕疑吾與毖譎而覆之 "覆"原訛"復",據《晉書·慕容廆載記》二八〇七頁及北宋本、傅校本、明刻本、王吳本改。

〔八五〕廆簡銳士配皝推鋒於前 "配"原訛"令","推"原作"摧",據《晉書·慕容廆載記》二八〇七頁及北宋本、傅校本、明抄本、明刻本、王吳本改。

《通典》卷第一百六十一《兵十四·多方誤之》頁四一五一至四一五二、四一六二

又《載記》曰:前燕慕容廆封略漸廣,廆,胡罪切。據棘城。晉平州刺史、東夷校尉崔毖陰結高勾麗毖,音秘。及宇文、段回等謀滅廆,以分其地。遂同伐廆,廆曰:"彼信崔毖虛説,邀一時之利,烏合而來耳。既無統一,莫相歸伏,吾今破之必矣。然彼軍初合,其鋒甚銳,幸我速戰。若逆擊之,落其計矣。靖以待之,必懷疑貳,迭相猜防。一則疑吾與毖譎而覆之,二則自疑三國之中與吾有韓、魏之謀者,待其人情沮惑,然後取之矣。"於是三國攻棘城,廆閉門不戰,遣使送牛酒以犒宇文,大言於衆曰:"崔毖昨有使至。"於是二國果疑宇文同於廆也,引兵而歸。宇文悉獨官曰:"二國雖歸,吾當獨兼其國。"盡衆逼城,連營三十里。廆簡銳士配子皝,推鋒於前,皝,音晃。子翰領精騎爲奇兵,從傍出,直衝其營;廆方陣而進。悉獨官自恃其衆,不設備,見廆軍之至,方率兵拒之。前鋒始交,翰已入其營,縱火焚之,衆遂大敗。

《太平御覽》卷二八六《兵部一七·機略五》頁一三二三下至一三二四上

其後平州刺史、東夷校尉崔毖陰結高句驪及宇文、段國等，謀滅廆以分其地。元帝大興初，三國伐廆，廆以計間之，二國引兵而歸。唯宇文悉獨官攻之，盡衆逼城，連營三十里。廆簡銳士配世子皝，推鋒於前；庶長子翰領精騎爲奇兵，從旁出，直衝其營，廆方陣而進。悉獨官乃自恃其衆，不設備，見廆軍之至，方率兵拒之。前鋒始交，翰已入其營，縱火焚之，其衆皆震擾，不知所爲，遂大敗，悉獨官僅以身免，盡俘其衆。

《册府元龜》卷二二二《僭僞部·勳伐二》頁二六五六下

時平州刺史、東夷校尉崔毖自以爲南州士望，意存懷集，而流亡者莫有赴之。毖意廆拘留，乃陰結高句驪及宇文、段國等，謀滅廆以分其地。元帝大興初，三國伐廆，廆曰："彼信崔毖虛説，邀一時之利，烏合而來耳。既無統一，莫相歸伏，吾今破之必矣。彼軍初合，其鋒甚鋭，幸我速戰。若逆擊之，落其計矣。靖以待之，必懷疑貳，迭相猜防。一則疑吾與毖譎而覆之，二則自疑三國之中與吾有韓魏之謀者，待其人情沮惑，然後取之必矣。"於是三國攻棘城，廆閉門不戰，遣使送牛酒以犒宇文，大言於衆曰："崔毖昨有使至。"於是二國果疑宇文同於廆也，引兵而歸。廆簡銳士配世子皝，推鋒於前；次子翰領精騎爲奇兵，從旁出，直衝其營，大敗之，宇文悉獨官僅以身免，盡俘其衆於其營。

《册府元龜》卷二二七《僭僞部·謀略》頁二七〇三下至二七〇四上

平州刺史崔毖,自以中州人望,鎮遼東,毖,崔琰之曾孫。琰在魏時,爲冀州人士之首,子孫遂爲冀州冠族。毖,音秘。而士民多歸慕容廆,廆,户罪翻。心不平。數遣使招之,皆不至,數,所角翻。意廆拘留之,乃陰説高句麗、段氏、宇文氏,使共攻之,説,輸芮翻。句,音如字,又音駒。麗,力知翻。約滅廆,分其地。毖所親勃海高瞻力諫,毖不從。

三國合兵伐廆,諸將請擊之,廆曰:"彼爲崔毖所誘,欲邀一切之利。軍勢初合,其鋒甚鋭,不可與戰,當固守以挫之。彼烏合而來,飛鳥見食,群集而聚啄之,人或驚之,則四散飛去;故兵以利合無所統一者,謂之烏合。既無統壹,莫相歸服,久必攜貳,一則疑吾與毖詐而覆之,二則三國自相猜忌。待其人情離貳,然後擊之,破之必矣。"

三國進攻棘城,廆閉門自守,遣使獨以牛酒犒宇文氏;使,疏吏翻。犒,苦告翻。二國疑宇文氏與廆有謀,各引兵歸。《兵法》所謂合則能離之,慕容廆有焉。宇文大人悉獨官曰:"二國雖歸,吾當獨取之。"

宇文氏士卒數十萬,連營四十里。廆使召其子翰於徒河。翰自愍帝建興元年鎮徒河。翰遣使白廆曰:"悉獨官舉國爲寇,彼衆我寡,易以計破,難以力勝。今城中之衆,足以禦寇,翰請爲奇兵於外,伺其間而擊之,間,古莧翻;下同。内外俱奮,使彼震駭不知所備,破之必矣。今并兵爲一,彼得專意攻城,無復他虞,虞,防也,備也。復,扶又翻;下同。非策之得者也;且示衆以怯,恐士氣不戰先沮矣。"沮,在莒翻。廆猶疑之。遼東韓壽言於廆曰:"悉獨官有憑陵之志,將驕卒惰,軍不堅密,若奇兵卒起,卒,讀曰猝。掎其無備,必破之策也。"掎,舉綺翻。偏引曰掎，又從後牽曰掎。廆乃聽翰留徒河。

悉獨官聞之曰："翰素名驍果，驍，堅堯翻。今不入城，或能爲患，當先取之，城不足憂。"乃分遣數千騎襲翰。翰知之，詐爲段氏使者，逆於道曰："慕容翰久爲吾患，聞當擊之，吾已嚴兵相待，宜速進也。"使者既去，翰即出城，設伏以待之。宇文氏之騎見使者，大喜馳行，不復設備，進入伏中。翰奮擊，盡獲之，乘勝徑進，遣間使語廆出兵大戰。投間隙而行，故謂之間使。間，古莧翻。廆使其子皝與長史裴嶷將精銳爲前鋒，皝，呼廣翻。自將大兵繼之。悉獨官初不設備，聞廆至，驚，悉衆出戰。前鋒始交，翰將千騎從旁直入其營，縱火焚之，將，即亮翻。衆皆惶擾，不知所爲，遂大敗，悉獨官僅以身免。廆盡俘其衆，獲皇帝玉璽三紐。皇帝璽，即宇文大人普回出獵所得者。璽，斯氏翻。

崔毖聞之，懼，使其兄子燾詣棘城僞賀。會三國使者亦至，請和，曰："非我本意，崔平州教我耳。"廆以示燾，臨之以兵，燾懼，首服。首，式救翻。廆乃遣燾歸謂毖曰："降者上策，走者下策也。"引兵隨之。毖與數十騎棄家奔高句麗，其衆悉降於廆。降，戶江翻。廆以其子仁爲征虜將軍，鎮遼東，爲仁以遼東與皝爭國張本。官府、市里，按堵如故。

《資治通鑑》卷九十一《晉紀十三·元帝太興二年》頁二八七二至二八七四

時平州刺史、東夷校尉崔毖自以爲南州士望，意存懷集，而流亡者莫有赴之。毖意廆拘留，乃陰結高句驪及宇文、段國等，謀滅廆以分其地。太興初，三國伐廆，廆曰："彼信崔毖虚説,邀一時之利,烏合而來耳。既無統一,莫相歸伏,吾今破之必矣。然彼軍初合,其鋒甚鋭,幸我速戰。若逆擊之,落其計矣。靖以待之,必懷疑貳,迭相猜防。一則疑吾與毖譎而覆之,二則自疑三國之中與吾有韓魏之謀者,待其人情沮惑,然後取之必矣。"於是三國攻棘城,廆閉門不戰,遣使送牛酒以犒宇文,大言於衆曰:"崔毖昨有使至。"於是二國果疑宇文同於廆也,引兵而歸。宇文悉獨官曰:"二國雖歸,吾當獨兼其國,何用人爲!"盡衆逼城,連營三十里。廆簡鋭士配皝,推鋒於前;翰領精騎爲奇兵,從旁出,直衝其營;廆方陣而進。悉獨官自恃其衆,不設備,見廆軍之至,方率兵距之。前鋒始交,翰已入其營,縱火焚之,其衆皆震擾,不知所爲,遂大敗,悉獨官僅以身免,盡俘其衆。於其營候獲皇帝玉璽三紐,遣長史裴嶷送于建鄴。崔毖懼廆之仇己也,使兄子燾僞賀廆。會三國使亦至請和,曰:"非我本意,崔平州教我耳。"廆將燾示以攻圍之處,臨之以兵,曰:"汝叔父教二國滅我,何以詐來賀我乎?"燾懼,首服。廆乃遣燾歸説毖曰:"降者上策,走者下策也。"以兵隨之。毖與數十騎棄家室奔于高句麗,廆悉降其衆,徙燾及高瞻等于棘城,待以賓禮。

《通志》卷一百八十八《載記三·慕容廆》頁三〇一一下至三〇一二上

(崔)毖之與三國謀伐廆也,瞻固諫以爲不可,毖不從。及毖奔敗,瞻隨衆降于廆。

《通志》卷一百八十八《載記三·慕容廆附高瞻》頁三〇一九上

大興二年平州刺史崔毖時平州與遼東郡同治襄平，今遼東都司城北七十里故城是也。搆高句麗、高句麗時國於樂浪之丸都，今朝鮮王京東北有丸都故城。段氏、宇文氏鮮卑宇文氏國於遼西紫蒙川，在今柳城西境。共攻廆，廆以計先却高句麗、段氏之兵，乃擊宇文氏，大破之，遂引兵擊毖於遼東，毖遁去，廆使其子仁鎮遼東。

《讀史方輿紀要》卷三《歷代州域形勢三》頁一二三

時平州刺史、東夷校尉崔毖自以南州士望，意存懷集，而流亡者莫有赴之。毖意廆拘留，乃陰結高句驪及宇文、段國等，謀滅廆以分其地。太興初，三國伐廆。廆曰："彼信崔毖虛說，邀一時之利，烏合而來耳。既無統一，莫相歸服，吾今破之必矣。然彼軍初合，其鋒甚銳，幸我速戰，若逆擊之，落其計矣。靖以待之，必懷疑貳，迭相猜防，一則疑吾與毖譎而覆之，二則自疑三國之中與吾有韓魏之謀者。待其人情阻惑，然後取之必矣。"於是三國攻棘城，廆閉門不戰。遣使送牛酒以犒宇文，大言於衆曰："崔毖昨有使至。"於是二國果疑宇文同於廆也，引兵而歸。宇文悉獨官曰："二國雖歸，吾當獨兼其國，何用人爲。"盡衆逼城，連營三十里。廆簡銳士配翰，推鋒於前，翰領精騎爲奇兵，從傍出，直衝其營，廆方陣而進。悉獨官自恃其衆，不設備，見廆軍之至，方率兵距之。前鋒始交，翰已入其營，縱火焚之，其衆皆震擾，不知所爲，遂大敗，悉獨官僅以身免，盡俘其衆。於其營候獲皇帝玉璽三紐，遣長史裴嶷送於建鄴。崔毖懼廆之仇己也，使兄子燾僞賀廆。會三國使亦至請和，曰："非我本意也，崔平州教我耳。"

廆將熹示以攻圍之處,臨之以兵,曰:"汝叔父教三國滅我,何以詐來賀我乎?"熹懼,首服。廆乃遣熹歸説悉曰:"降者上策,走者下策也。"以兵隨之。悉與數十騎弃家室奔於高句麗,廆悉降其衆,徙熹及高瞻等於棘城,待以賓禮。

《十六國春秋輯補》卷二十三《前燕録一·慕容廆》頁一七八至一七九

悉之與三國謀伐廆也,瞻固諫以爲不可,悉不從。及悉奔敗,瞻隨衆降於廆。

《十六國春秋輯補》卷二十三《前燕録一·慕容廆附高瞻》頁一八三

且鮮卑恭命,信使不絶。

《晉書》卷三十七《列傳第七·宗室·河間平王洪》頁一〇八七

且鮮卑恭命,信使不絶。

《册府元龜》卷二八三《宗室部·承襲二》頁三三三五上

且鮮卑恭命,信使不絶。

《通志》卷八十《宗室傳三·河間平王洪》頁九六二下

詔征虜將軍羊鑒、武威將軍侯禮、臨淮太守劉遐、鮮卑段文鴦等與豹共討之(徐龕)。

《晉書》卷八十一《列傳第五十一·蔡豹》頁二一一一

秋，八月，以羊鑒爲征虜將軍、征討都督，督徐州刺史蔡豹、臨淮太守劉遐、鮮卑段文鴦等討之。段文鴦時從其兄匹磾在厭次。

《資治通鑑》卷九十一《晉紀十三・元帝太興二年》頁二八七〇

詔征虜將軍羊鑒、武威將軍侯禮、臨淮太守劉遐、鮮卑段文鴦等與豹共討之（徐龕）。

《通志》卷一百二十九上《列傳四十二上・蔡豹》頁二〇二三上

河西鮮卑曰六延叛于勒，石季龍討之，敗延于朔方，斬首二萬級，俘三萬餘人，獲牛馬十餘萬。孔萇討平幽州諸郡。時段匹磾部衆饑散，棄其妻子，匹磾奔邵續。

《晉書》卷一百四《載記第四・石勒上》頁二七二九

石勒遣石虎擊鮮卑曰六延於朔方，大破之，斬首二萬級，俘虜三萬餘人。孔萇攻幽州諸郡，悉取之。段匹磾士衆飢散，欲移保上谷，《晉志》：上谷郡，治沮陽縣；秦置郡，在谷之上頭，故名焉。代王鬱律勒兵將擊之，匹磾棄妻子奔樂陵，依邵續。樂陵郡，治厭次，續保之以奉晉。

《資治通鑑》卷九十一《晉紀十三・元帝太興二年》頁二八六九

河西鮮卑曰六延叛于勒，石虎討之，敗延于朔方，斬首二萬級，俘三萬餘人，獲牛馬十餘萬。孔萇討平幽州諸郡。時段匹磾部衆饑散，棄其妻子，匹磾奔邵續。

《通志》卷一百八十七《載記二·石勒》頁二九九五上

河西鮮卑日六延叛於勒，石季龍討之，敗延於朔方，斬首二萬級，俘三萬餘人，獲牛馬十餘萬。孔萇討平幽州諸郡。時段匹磾部衆饑散，棄其妻子，匹磾奔邵續。

《十六國春秋輯補》卷十三《後趙錄三·石勒》頁九六

晉建興中，段匹磾欲擁其衆徙保上谷，阻軍都之險是也。亦曰居庸山。又有積粟山，在州西二十里，與軍都山峰巒相屬。

《讀史方輿紀要》卷十一《北直二》頁四七六

公元三一九年至三二〇年　東晉元帝太興二年至三年　後趙明帝元年至二年

匹磾既殺劉琨，夷晉多怨叛，遂率其徒依續。勒南和令趙領等率廣川、渤海千餘家背勒歸續。而帝以續爲平原樂安太守、右將軍、冀州刺史，進平北將軍、假節，封祝阿子。續遣兄子武邑内史存與文鴦率匹磾衆就食平原，爲石季龍所破。續先與曹嶷亟相侵掠，嶷因存等敗，乃破續屯田，又抄其户口。續首尾相救，疲於奔命。太興初，續遣存及文鴦屯濟南黄巾固，因以逼嶷，嶷懼，求和。俄而匹磾率衆攻段末杯，石勒知續孤危，遣季龍乘虛圍續。季龍騎至城下，掠其居人，續率衆出救，季龍伏騎斷其後，遂爲季龍所得，使續降其城。續呼其兄子竺等曰:"吾志雪國難,以報所受,不幸至此。汝等努力自勉,便奉匹磾爲主,勿有二心。"

《晉書》卷六十三《列傳第三十三・邵續》頁一七〇四

匹磾既殺劉琨,夷晉多怨叛,遂率其徒依續。勒南和令趙領等率廣川、渤海千餘家背勒歸續。而帝以續爲平原樂安太守、右將軍、冀州刺史,進平北將軍、假節,封祝阿子。續遣兄子武邑內史存與文鴦率匹磾衆就食平原,爲石季龍所破。續先與曹嶷亟相侵掠,嶷因存等敗,乃破續屯田,又抄其户口。續首尾相救,疲於奔命。太興初,續遣存及文鴦屯濟南黃巾固,因以逼嶷,嶷懼,求和。俄而匹磾率衆攻段末懷,石勒知續孤危,遣季龍乘虛圍續。季龍騎至城下,掠其居人,續率衆出救,季龍伏騎斷其後,遂爲季龍所得,使續降其城。續呼其兄子存、竺及子得等曰:"吾志雪國難,以報所受,不幸至此。汝等努力自勉,便奉匹磾爲主,勿有二心。"

《册府元龜》卷七六〇《總錄部・忠義一》頁九〇四三上

匹磾既殺劉琨,夷晉多怨叛,遂率其徒依續。勒南和令趙領等率廣川、渤海千餘家背勒歸續。而帝以續爲平原樂安太守、右將軍、冀州刺史,進平北將軍、假節,封祝阿子。續遣兄子武邑內史存與文鴦率匹磾衆就食平原,爲石虎所破。續先與曹嶷亟相侵掠,嶷因存等敗,乃破續屯田,又抄其户口。續首尾相救,疲於奔命。太興初,續遣存及文鴦屯濟南黃巾固,因以逼嶷,嶷懼,求和。俄而匹磾率衆攻段末杯,石勒知續孤危,遣石虎乘虛圍續。石虎騎至城下,掠其居人,續率衆出救,虎伏騎斷其後,遂爲虎所獲,使續降其城。續呼其兄子竺等曰:"吾志雪國難,以報所受,不幸至此。汝等努力自勉,便奉匹磾爲主,勿有二心。"

《通志》卷一百二十五《列傳三十八·邵續》頁一九五四中

公元三二〇年　東晉元帝太興三年　後趙明帝二年

尋令從事中郎臣續澹以章綬節傳奉還本朝,與匹磾使榮邵期一時俱發。又匹磾以琨王室大臣,懼奪己威重,忌琨之形,漸彰於外。琨知其如此,慮不可久,欲遣妻息大小盡詣京城,以其門室一委陛下。有征舉之會,則身充一卒;若匹磾縱凶愿,則妻息可免。具令臣澹密宣此旨,求詔敕路次,令相迎衛。會王成從平陽逃來,説南陽王保稱號隴右,士衆甚盛,當移關中。匹磾聞此,私懷顧望,留停榮邵,欲遣前兼鴻臚邊邈奉使詣保,懼澹獨南,言其此事,遂不許引路。丹誠赤心,卒不上達。匹磾兄眷喪亡,嗣子幼弱,欲因奔喪奪取其國。又自以欺國陵家,懷邪樂禍,恐父母宗黨不容其罪,是以卷甲櫜弓,陰圖作亂,欲害其從叔驎、從弟末波等,以取其國。匹磾親信密告驎、波,驎、波乃遣人距之,匹磾僅以身免。百姓謂匹磾已没,皆憑向琨。若琨于時有害匹磾之情,則居然可擒,不復勞於人力。自此之後,上下並離,匹磾遂欲盡勒胡晉,徙居上谷。琨深不然之,勸移厭次,南憑朝廷。匹磾不能納,反禍害父息四人,從兄二息同時并命。琨未遇害,知匹磾必有禍心,語臣等云:"受國厚恩,不能克報,雖才略不及,亦由遇此厄運。人誰不死,死生命也。唯恨下不能效節於一方,上不得歸誠於陛下。"辭旨慷慨，動於左右。匹磾既害琨，橫加誣謗，言琨欲窺神器，謀圖不軌。琨免述嚚頑凶之思，又無信布懼誅之情，踦嶇亂亡之際，夾肩異類之間，而有如此之心哉！雖臧獲之愚，厮養之智，猶不爲之，況在國士之列，忠節先著者乎！

匹磾之害琨，稱陛下密詔。琨信有罪，陛下加誅，自當肆諸市朝，與衆棄之，不令殊俗之豎戮台輔之臣，亦已明矣。然則擅詔有罪，雖小必誅；矯制有功，雖大不論，正以興替之根咸在於此，開塞之由不可不閉故也。而匹磾無所顧忌，怙亂專殺，虛假王命，虐害鼎臣，辱諸夏之望，敗王室之法，是可忍也，孰不可忍！若聖朝猶加隱忍，未明大體，則不逞之人襲匹磾之迹，殺生自由，好惡任意，陛下將何以誅之哉！

《晉書》卷六十二《列傳第三十二·劉琨》頁一六八八至一六八九

（劉演）後爲石季龍所圍，求救於邵續、段末，末騎救之，季龍走，隨末屯厭次，被害。

《晉書》卷六十二《列傳第三十二·劉琨》頁一六九三

（劉演）後爲石虎所圍，求救於邵續、段末，末騎救之，石虎走，隨末屯厭次，被害。

《通志》卷一百二十五《列傳三十八·劉琨》頁一九五二中

（劉）胤弟挹初爲太傅、東海王越掾，與琨俱被害。挹弟啟，啟弟述，與琨子群俱在末波中，後並入石季龍。

《晉書》卷六十二《列傳第三十二·劉琨》頁一六九三

（劉）允弟挹初爲太傅、東海王越掾，與琨俱被害。挹弟啟，啟弟述，與琨子群俱在末波中，後並入石虎。

《通志》卷一百二十五《列傳三十八·劉琨》頁一九五二下

續被獲之後，存及竺、緝等與匹磾嬰城距寇，而帝又假存揚武將軍、武邑太守。勒屢遣季龍攻之，戰守疲苦，不能自立。久之，匹磾及其弟文鴦與竺、緝等悉見獲，惟存得潰圍南奔，在道爲賊所殺。續竟亦遇害。

《晉書》卷六十三《列傳第三十三·邵續》頁一七〇五

勒屢遣季龍攻之，戰守疲苦，不能自立。久之，匹磾及其弟文鴦與竺、緝等悉見獲，惟存得潰圍南奔，在道爲賊所殺，竟亦遇害。

《册府元龜》卷七六〇《總錄部·忠義一》頁九〇四三下

段末杯攻段匹磾，破之。磾，丁奚翻。匹磾謂邵續曰："吾本夷狄，以慕義破家。君不忘久要，要，一遥翻；久要，舊約也。請相與共擊末杯。"續許之，遂相與追擊末杯，大破之。匹磾與弟文鴦攻薊。匹磾奔邵續，薊爲石氏所取。薊，音計。後趙王勒知續勢孤，是時劉、石國號皆曰趙，史以石趙爲後趙以別之。遣中山公虎將兵圍厭次，厭，於琰翻。孔萇攻續別營十一，皆下之。二月,續自出擊虎,虎伏騎斷其後,斷,丁管翻。遂執續,使降其城。欲使續降厭次城也。降,戶江翻;下同。續呼兄子竺等謂曰:"吾志欲報國,不幸至此。汝等努力奉匹磾爲主,勿有貳心。"匹磾自薊還,未至厭次,聞續已没,衆懼而散,復爲虎所遮;復,扶又翻;下同。文鴦以親兵數百力戰,始得入城,與續子緝、兄子存、竺等嬰城固守。虎送續於襄國,勒以爲忠,釋而禮之,以爲從事中郎。因下令:"自今克敵,獲士人,毋得擅殺,必生致之。"勒禮續而終於殺續,所以令生致士人者,不過欲使之從己耳。

《資治通鑑》卷九十一《晉紀十三‧元帝太興三年》頁二八七六

續被獲之後,存及竺、緝等與匹磾嬰城距寇,而帝又假存揚武將軍、武邑太守。勒屢遣虎攻之,戰守疲苦,不能自立。久之,匹磾及其弟文鴦與竺、緝等悉見獲,惟存得潰圍南奔,在道爲賊所殺。續竟亦遇害。

《通志》卷一百二十五《列傳三十八‧邵續》頁一九五四下

六月,後趙孔萇攻段匹磾,磾,丁奚翻。恃勝而不設備,段文鴦襲擊,大破之。

《資治通鑑》卷九十一《晉紀十三‧元帝太興三年》頁二八七八

公元三二一年　東晉元帝太興四年　後趙明帝三年

（春二月）鮮卑末波奉送皇帝信璽。庚戌,告於太廟,乃受之。

《晉書》卷六《帝紀第六·元帝》頁一五四

四年春,鮮卑末波奉皇帝信璽。庚戌,告於太廟,乃受之。

《册府元龜》卷一二《帝王部·中興》頁一三二下

（春二月）鮮卑末波奉送皇帝信璽。庚戌,告于太廟,乃受之。

《通志》卷十下《晉紀十下·元皇帝》頁一九四下

元帝之初,末波通使于江左,諶因其使抗表理琨,文旨甚切,於是即加吊祭。累徵諶爲散騎中書侍郎,而爲末波所留,遂不得南渡。

《晉書》卷四十四《列傳第十四·盧欽附盧諶》頁一二五九

元帝之初,末波通使於江左,諶因其使抗表理琨,文旨甚切,於是即加吊祭。累徵諶爲散騎中書侍郎,而爲末波所留,遂不得南渡。

《通志》卷一百二十二《列傳三十五·盧諶》頁一八九〇下

王隱《晉書》曰：段匹磾召弟文鴦還厭次。石虎來，先縱騎抄城左右，鴦登城臨見，不勝其勇，欲出擊胡，磾疑有伏，不聽，出。民出，大爲胡所殺掠。鴦單將壯士數十騎出擊胡，所殺甚多。胡騎退，鴦追躡，磾率步繼鴦。虎伏騎起，磾、鴦力戰，殺胡數十。鴦還，赴磾，磾已散還。鴦所乘馬乏頓，虎呼曰："大兄久望共天，同不違願，今日見，何故復戰？請精杖語。"鴦罵曰："汝爲寇虜，久應死，吾兄不能用吾計，故令汝得至此。吾寧死，不忍爲汝擒。"遂下馬與胡戰。稍折，執刀戰，不降。虎軍四面解馬羅披自鄣，前捉鴦。自辰至申，力極斫殺人，而後見得也。

《太平御覽》卷四三五《人事部七六·勇三》頁二〇〇四上

王隱《晉書》曰：段匹磾弟文鴦與石勒戰，所乘馬乏，勒呼曰："大兄久望共同，天不違願，今日相見，何復戰？請釋伏語。"鴦罵曰："汝爲虐久，應死。吾兄不能用吾計，故令汝得至此。吾寧死，不忍爲汝所擒。"遂下馬與戰。

《太平御覽》卷四六六《人事部一〇七·罵詈》頁二一四四下

段匹磾領幽州刺史，爲從弟末抔所敗，北依邵續，與續并力追末抔，斬獲略盡。又令文鴦北討末抔弟於薊城。及還，去城八十里，聞續已沒，衆懼而散，復爲石季龍所遮，文鴦以親兵數百人力戰破之，始得入城。季龍復抄城下，文鴦登城臨見，欲出擊之，匹磾不許。文鴦曰："我以勇聞，故百姓仗我；見人被略而不救，非丈夫也。令衆失望，誰復爲我致死乎！"遂將壯士數十騎出戰，殺胡甚多。遇馬乏，伏不能起。季龍呼曰："大兄與我俱是戎狄，久望共同天下，不違願今日相見，何故復戰！請釋仗。"文鴦罵曰："汝爲寇虐，久應合死，吾兄不用吾計，故令汝得至此。吾寧死，不爲汝擒！"遂下馬苦戰，槊折，執刀力戰不已。季龍軍四面解馬羅披自鄣，前促文鴦；文鴦戰自辰至申，力極而後被執，城內大懼。

匹磾欲單騎歸朝，續弟樂安內史洎勒兵不許；洎復欲執臺使王英送於季龍。匹磾正色責之曰："卿不能遵兄之志，逼吾不得歸朝，亦以甚矣，復欲執天子使者；我雖胡夷，所未聞也！"因謂英曰："匹磾世受重恩，不忘忠孝，今日事逼，欲歸罪朝廷，而見逼迫忠款不遂。若得假息未死之日，心不忘本，遂渡黃河南。"匹磾着朝服、持節賓從出見季龍曰："我受國恩，志在滅汝，不幸吾國自亂，以至於此。既不能死，又不能爲汝敬也。"勒及季龍素與匹磾結爲兄弟，季龍起而拜之。匹磾到襄國，又不爲勒禮，常着朝服、持晉節，經年國中謀推匹磾爲主，事露被害，文鴦亦遇鴆而死。

《冊府元龜》卷三七一《將帥部·忠二》頁四四〇九上至四四〇九下

段文鴦，匹磾弟也，在厭次。會石虎縱騎抄城左右，文鴦登城臨見，不勝其勇，欲出擊胡，匹磾疑有伏，不聽出，民大爲胡所殺掠。文鴦單將壯士數十騎出擊胡，所殺甚多。胡騎退，文鴦追躡，匹磾率步卒繼文鴦。伏騎起，匹磾、文鴦力戰，殺胡數十,文鴦還。

《册府元龜》卷八四七《總錄部·勇》頁一〇〇五八上

後趙中山公虎攻幽州刺史段匹磾於厭次,磾,丁奚翻。厭,於琰翻。孔萇攻其統内諸城,悉拔之。段文鴦言於匹磾曰:"我以勇聞,故爲民所倚望;今視民被掠而不救,是怯也。被,皮義翻;下同。民失所望,誰復爲我致死!"遂帥壯士數十騎出戰,復,扶又翻。爲,于僞翻。帥,讀曰率。殺後趙兵甚衆。馬乏,伏不能起。虎呼之曰:"兄與我俱夷狄,久欲與兄同爲一家。今天不違願,於此得相見,何爲復戰!請釋仗。"文鴦罵曰:"汝爲寇賊,當死日久,吾兄不用吾策,事見七十八卷懷帝永嘉六年。故令汝得至此。我寧鬥死,不爲汝屈!"遂下馬苦戰,槊折,執刀戰不已,槊,色角翻,矛長丈八者曰槊。折,而設翻。自辰至申。後趙兵四面解馬羅披自鄣,馬羅披,意即障泥也。前執文鴦;文鴦力竭被執,城内奪氣。

匹磾欲單騎歸朝,騎,奇寄翻。朝,直遥翻。邵續之弟樂安内史洎勒兵不聽;洎復欲執臺使王英送於虎。臺使,晉朝所遣者也。使,疏吏翻。匹磾正色責之曰:"卿不能遵兄之志,逼吾不得歸朝,亦已甚矣,復欲執天子使者;我雖夷狄,所未聞也!"洎與兄子緝、竺等輿櫬出降。櫬,初覲翻。降,户江翻。匹磾見虎曰:"我受晉恩,志在滅汝,不幸至此,不能爲汝敬也。"後趙王勒及虎素與匹磾結爲兄弟,虎即起拜之。勒以匹磾爲冠軍將軍,冠,古玩翻。文鴦爲左中郎將,散諸流民三萬餘户,復其本業,置守宰以撫之。於是幽、冀、并三州皆入於後趙。匹磾不爲勒禮,常著朝服,持晉節。著,陟略翻。久之,與文鴦、邵續皆爲後趙所殺。厭次既破，無復後患，匹磾兄弟與邵續皆被害，石勒志趣，從可知矣。

《資治通鑑》卷九十一《晉紀十三·元帝太興四年》頁二八八七至二八八八

（夏四月）撫軍將軍、幽州刺史段匹磾没于勒。

《晉書》卷六《帝紀第六·元帝》頁一五四

石季龍攻段匹磾于厭次。孔萇討匹磾部内諸城，陷之。匹磾勢窮，乃率其臣下輿櫬出降。季龍送之襄國，勒署匹磾爲冠軍將軍，以其弟文鴦、亞將衛麟爲左右中郎將，皆金章紫綬。

《晉書》卷一百五《載記第五·石勒下》頁二七三七至二七三八

王隱《晉書》曰：段匹磾降石勒，常著朝服，持晉節。勒亦不問。

《太平御覽》卷六八一《儀式部二·節》頁三〇四一上

（夏四月）撫軍將軍、幽州刺史段匹磾没于勒。

《通志》卷十下《晉紀十下·元皇帝》頁一九四下

石虎攻段匹磾於厭次。孔萇討匹磾部内諸城，陷之。匹磾勢窮，乃率其臣下輿櫬出降。虎送之襄國，勒署匹磾爲冠軍將軍，以其弟文鴦、亞將衛麟爲左右中郎將，皆金章紫綬。

《通志》卷一百八十七《載記二·石勒》頁二九九五下至二九九六上

段匹磾，東部鮮卑人。父務勿塵遣兵助東海王越有功，封遼西公。匹磾襲父爵，領幽州刺史，爲石虎所攻，敗，沒於虎，被害。

《文獻通考》卷二百七十一《封建十二·晉五等侯》頁二一五一下

石季龍攻段匹磾於厭次，孔萇討匹磾部内諸城，陷之。匹磾勢窮，乃率其臣下輿櫬出降。季龍送之襄國，勒署匹磾爲冠軍將軍，以其弟文鴦、亞將衛麟爲左右中郎將，皆金章紫綬。

《十六國春秋輯補》卷十三《後趙錄三·石勒》頁九九

段匹磾有幽州而仍不能自立也……

《讀史方輿紀要·北直方輿紀要序》頁四〇四

公元三二二年　東晉元帝永昌元年

段末波初統其國，而不修備，廆遣皝襲之，入令支，收其名馬寶物而還。

《晉書》卷一百八《載記第八·慕容廆》頁二八〇七

段末波初統其國，而不修備，廆遣皝襲之，入令支，收其名馬寶物而還。

《册府元龜》卷二二二《僭偽部·勳伐二》頁二六五六下

慕容廆遣其世子皝襲段末杯，入令支，皝，户廣翻。令支縣，漢屬遼西郡,晉省,段氏據其地。應劭曰:令,音鈴。師古音郎定翻。支,裴松之音其兒翻。掠其居民千餘家而還。

《資治通鑑》卷九十二《晉紀十四·元帝永昌元年》頁二九一〇

段末波初統其國,而不脩備,廆遣皝襲之,入令支,收其名馬寶物而還。

《通志》卷一百八十八《載記三·慕容廆》頁三〇一二上

段末波初統其國,而不修備,廆遣皝襲之,入令支,收其名馬寶物而還。

《十六國春秋輯補》卷二十三《前燕錄一·慕容廆》頁一七九

公元三二五年　東晉明帝太寧三年　後趙明帝七年

後趙王勒加宇文乞得歸官爵,使之擊慕容廆。以元年廆執其使送建康也。廆,戶罪翻。廆遣世子皝、索頭、段國共擊之,皝,呼廣翻。索頭,即拓跋氏。索,昔各翻。以遼東相裴嶷爲右翼,慕容仁爲左翼。乞得歸據澆水以拒皝,澆水,即澆洛水也。嶷,魚力翻。澆,古堯翻。遣兄子悉拔雄拒仁。《考異》曰:《燕書·征虜仁傳》作"悉拔堆",《後魏書·宇文莫槐傳》作"乞得龜、悉拔堆",《載記》亦作"龜",《燕書·武宣紀》作"乞得歸、悉拔雄",今從之。仁擊悉拔雄,斬之;乘勝與皝攻乞得歸,大破之。乞得歸棄軍走,皝、仁進入其國城,使輕兵追乞得歸,過其國三百餘里而還,盡獲其國重器,畜產以百萬計,民之降附者數萬。降,戶江翻。
　　《資治通鑑》卷九十三《晉紀十五‧明帝太寧三年》頁二九三三

　　三月,幽州刺史段末波卒,以弟牙嗣。
　　　　　　　　　《晉書》卷六《帝紀第六‧明帝》頁一六三

　　三月,幽州刺史段末波卒,以弟牙嗣。
　　《通志》卷十下《晉紀十下‧明皇帝》頁一九六中至一九六下

　　三月,段末杯卒,弟牙立。
　　《資治通鑑》卷九十三《晉紀十五‧明帝太寧三年》頁二九三三

　　末波死,弟遼代立,諶流離世故且二十載。
　　《晉書》卷四十四《列傳第十四‧盧欽附盧諶》頁一二五九

　　末波死,弟遼代立,諶流離世故且二十載。
　　《通志》卷一百二十二《列傳三十五‧盧諶》頁一八九〇下至一八九一上

　　慕容廆與段氏方睦,爲段牙謀,使之徙都;牙從之,即去令支,國人不樂。爲,于僞翻。樂,音洛。令,音鈴,師古郎定翻。支,音祇。段疾陸眷之孫遼欲奪其位,以徙都爲牙罪,十二月,帥國人攻牙，殺之，帥，讀曰率。自立。句斷。段氏自務勿塵以來，日益強盛，其地西接漁陽，東界遼水，所統胡、晉三萬餘户，控弦四五萬騎。

《資治通鑑》卷九十三《晉紀十五·明帝太寧三年》頁二九三九

公元三三一年　東晉成帝咸和六年

二月己丑，〔一〕以幽州刺史、大單于段遼爲驃騎將軍。
【校勘記】
〔一一〕二月己丑　二月壬辰朔，無己丑。

《晉書》卷七《帝紀第七·成帝》頁一七六、一八九

二月己丑，以幽州刺史、大單于段遼爲驃騎將軍。

《通志》卷十下《晉紀十下·成皇帝》頁一九八中

（陶）侃報抽等書，其略曰："車騎將軍憂國忘身，貢篚載路，羯賊求和，執使送之，西討段國，北伐塞外，遠綏索頭，荒服以獻。惟北部未賓，屢遣征伐。又知東方官號，高下齊班，進無統攝之權，退無等差之降，欲進車騎爲燕王，一二具之。夫功成進爵，古之成制也。車騎雖未能爲官摧勒，然忠義竭誠。今騰牋上聽，可不、遲速，當任天臺也。"

《晉書》卷一百八《載記第八·慕容廆》頁二八一一

（陶）侃報抽等書，其略曰："車騎將軍憂國忘身，貢篚載路，羯賊求和，執使送之，西討段國，北征塞外，遠綏索頭，荒

服以獻。惟北部未賓,屢遣征伐。又知東方官號,高下齊班,進無統攝之權,退無等差之降,欲進車騎爲燕王,一二具之。夫功成進爵,古之成制也。車騎雖未能爲官摧勒,然忠義竭誠。今騰賤上聽,可否遲速,當任天臺也。"

《册府元龜》卷二三二《僭僞部·稱藩》頁二七六一上至二七六一下

(陶)侃報抽等書,其略曰:"車騎將軍憂國忘身,貢篚載路,羯賊求和,執使送之,西討段國,北伐塞外,遠綏索頭,荒服款獻。惟北部未賓,屢遣征伐。又知東方官號,高下齊班,進無統攝之權,退無等差之降,欲進車騎爲燕王,一二具之。夫功成進爵,古之成制也。車騎雖不能爲官摧勒,然忠義竭誠。今騰賤上聽,可不遲速,當任天臺也。"

《十六國春秋輯補》卷二十三《前燕錄一·慕容廆》頁一八一

公元三三三年　東晉成帝咸和八年

初,皝庶兄建威翰驍武有雄才,素爲皝所忌,母弟征虜仁、廣武昭並有寵於廆,皝亦不平之。及廆卒,並懼不自容。至此,翰出奔段遼,仁勸昭舉兵廢皝。皝殺昭,遣使按檢仁之虛實,遇仁於險瀆。仁知事發,殺皝使,東歸平郭。皝遣其弟建武幼、司馬佟壽等討之。〔一〕仁盡衆距戰,幼等大敗,皆没於仁。襄平令王冰、將軍孫機以遼東叛于皝,東夷校尉封抽、護軍乙逸、遼東相韓矯、玄菟太守高詡等棄城奔還。仁於是盡有遼左之地,自稱車騎將軍、平州刺史、遼東公。宇文歸、段遼及鮮卑諸部並爲之援。

【校勘記】

〔一〕司馬佟壽 "佟壽",各本作"佟焘",唯宋本作"佟壽"。《通鑑》九五亦作"佟壽",今從宋本。

《晉書》卷一百九《載記第九·慕容皝》頁二八一五至二八一六、二八二九

及奔段遼,深爲遼所敬愛。

《晉書》卷一百九《載記第九·慕容皝附慕容翰》頁二八二七

燕慕容汗爲慕容皝寧遠將軍,皝庶兄翰奔段遼。

《册府元龜》卷四四七《將帥部·輕敵》頁五三〇六下

(慕容)皝庶兄建威將軍翰、母弟征虜將軍仁,有勇略,屢立戰功,得士心;季弟昭,有才藝;皆有寵於廆。皝忌之,翰歎曰:"吾受事於先公,不敢不盡力,幸賴先公之靈,所向有功,此乃天贊吾國,非人力也。而人謂吾之所辦,以爲雄才難制,吾豈可坐而待禍邪!"乃與其子出奔段氏。段遼素聞其才,冀收其用,甚愛重之。

《資治通鑑》卷九十五《晉紀十七·成帝咸和八年》頁二九九〇

段遼及鮮卑諸部皆與仁遥相應援。皝追思皇甫真之言,

以真爲平州別駕。皝領平州刺史,以真爲別駕。

《資治通鑑》卷九十五《晉紀十七·成帝咸和八年》頁二九九一

初,皝庶兄建威翰驍武有雄才,素爲皝所忌,母弟征虜仁、廣武昭並有寵於廆,皝亦不平之。及廆卒,並懼不自容。至此,翰出奔段遼,仁勸昭舉兵廢皝。皝殺昭,遣使按檢仁之虛實,遇仁於險瀆。仁知事發,殺皝使,東歸平郭。皝遣其弟建武幼、司馬佟壽等討之。仁盡衆距戰,幼等大敗,皆没於仁。襄平令王冰、將軍孫機以遼東叛于皝,東夷校尉封抽、護軍乙逸、遼東相韓矯、玄菟太守高詡等棄城奔還。仁於是盡有遼左之地,自稱車騎將軍、平州刺史、遼東公。宇文歸、段遼及鮮卑諸部並爲之援。

《通志》卷一百八十八《載記三·慕容皝》頁三〇一二中至三〇一二下

及奔段遼,深爲遼所敬愛。

《通志》卷一百八十八《載記三·慕容皝附慕容翰》頁三〇一九中

初,皝庶兄建威翰驍武有雄才,素爲皝所忌,母弟征虜仁、廣武昭並有寵於廆,皝亦不平之。及廆卒,並懼不自容。至此,翰出奔段遼,仁勸昭舉兵廢皝。皝殺昭,遣使按檢仁之虛實,遇仁於險瀆。仁知事發,殺皝使,東歸平郭。皝遣其弟建武幼、司馬佟壽等討之。仁盡衆距戰,幼等大敗,皆没於仁。襄平令王冰、將軍孫機以遼東叛於廆,東夷校尉封抽、護軍乙逸、遼東相韓矯、玄菟太守高詡等弃城奔還。仁於是盡有遼左之地,自稱車騎將軍、平州刺史、遼東公。宇文歸、段遼及鮮卑諸部並爲之援。

《十六國春秋輯補》卷二十四《前燕錄二·慕容廆》頁一八五

及奔段遼,深爲遼所敬愛。

《十六國春秋輯補》卷二十五《前燕錄三·慕容廆附慕容翰》頁一九七

公元三三四年　東晉成帝咸和九年

段遼遂寇徒河,皝將張萌逆擊,敗之。遼弟蘭與翰寇柳城,都尉石琮擊敗之。旬餘,蘭、翰復圍柳城,皝遣寧遠慕容汗及封弈等救之。皝戒汗曰:"賊衆氣銳,難與爭鋒,宜顧萬全,慎勿輕進,必須兵集陣整,然後擊之。"汗性驍銳,遣千餘騎爲前鋒而進,封弈止之,汗不從,爲蘭所敗,死者太半。蘭復攻柳城,爲飛梯、地道,圍守二旬,石琮躬勒將士出擊,敗之,斬首千五百級,蘭乃遁歸。

《晉書》卷一百九《載記第九·慕容皝》頁二八一六

柳城之敗,段蘭欲乘勝深入,翰慮成本國之害,詭説於蘭,蘭遂不進。

《晉書》卷一百九《載記第九·慕容皝附慕容翰》頁二八二七

遼弟蘭與圍柳城，皝遣（慕容）汗及封弈等救之。皝戒汗曰：“賊衆氣鋭，難與爭鋒，宜顧萬全，愼勿輕進，必須兵集陣整，然後擊之。”汗性驍鋭，遣千餘騎爲前鋒而進，封弈止之，汗不從，爲蘭所敗，死者大半。

《册府元龜》卷四四七《將帥部·輕敵》頁五三〇六下

段遼遣兵襲徒河，不克；復遣其弟蘭與慕容翰共攻柳城，柳城縣，漢屬遼西郡，晉省；唐爲營州治所。復，扶又翻。柳城都尉石琮、城大慕輿埿并力拒守，城大，猶城主也；一城之長，故曰城大。埿，與泥同。蘭等不克而退。遼怒，切責蘭等，必令拔之。休息二旬，復益兵來攻。復，扶又翻。士皆重袍蒙楯，重，直龍翻。楯，食尹翻。作飛梯，飛梯，即雲梯。四面俱進，晝夜不息。琮、埿拒守彌固，殺傷千餘人，卒不能拔。卒，子恤翻。慕容皝遣慕容汗及司馬封奕等共救之。皝戒汗曰：“賊氣鋭，勿與爭鋒。”汗性驍果，以千餘騎爲前鋒，驍，堅堯翻。騎，奇寄翻。直進。封奕止之，汗不從。與蘭遇於牛尾谷，牛尾谷，在柳城北。汗兵大敗，死者太半；奕整陳力戰，陳，讀曰陣。故得不没。

蘭欲乘勝窮追，慕容翰恐遂滅其國，止之曰：“夫爲將當務愼重，審己量敵，量，音良。非萬全不可動。今雖挫其偏師，未能屈其大勢。皝多權詐，好爲潛伏，好，呼到翻。若悉國中之衆自將以拒我，將，即亮翻。我縣軍深入，縣，讀曰懸。衆寡不敵，此危道也。且受命之日，正求此捷；若違命貪進，萬一取敗，功名俱喪，喪，息浪翻。何以返面！”蘭曰：“此已成擒，無有餘理，謂以事理策之，皝必成擒，無復遺餘也。卿正慮遂滅卿國耳！今千年在東，若進而得志，吾將迎之以爲國嗣，終不負卿，使宗廟不祀也。"千年者,慕容仁小字也。翰曰:"吾投身相依,無復還理;復,扶又翻。國之存亡,於我何有!但欲爲大國之計,且相爲惜功名耳。"爲,于僞翻。乃命所部欲獨還,蘭不得已而從之。史言翰雖身在外,乃心宗國。

《資治通鑑》卷九十五《晉紀十七·成帝咸和九年》頁二九九三至二九九四

段遼遂寇徒河,虓將張萌逆擊,敗之。遼弟蘭與翰寇柳城,都尉石琮擊敗之。旬餘,蘭、翰復圍柳城,虓遣寧遠慕容汗及封奕等救之。虓戒汗曰:"賊衆氣銳,難與争鋒,宜顧萬全,慎勿輕進,必須兵集陣整,然後擊之。"汗性驍鋭,遣千餘騎爲前鋒而進,封奕止之,汗不從,爲蘭所敗,死者大半。蘭復攻柳城,爲飛梯、地道,圍守二旬,石琮躬勒將士出擊,敗之,斬首千五百級,蘭乃遁歸。

《通志》卷一百八十八《載記三·慕容虓》頁三〇一二下

柳城之敗,段蘭欲乘勝深入,翰慮成本國之害,詭說於蘭,蘭遂不進。

《通志》卷一百八十八《載記三·慕容虓附慕容翰》頁三〇一九中

段遼遂寇徒河,虓將張萌逆擊,敗之。遼弟蘭與翰寇柳城,都尉石琮擊敗之。旬餘,蘭、翰復圍柳城,虓遣寧遠慕容汗及封弈等救之。虓戒汗曰:"賊衆氣銳,難與争鋒。宜顧萬全,慎勿輕進,必須兵集陣整,然後擊之。"汗性驍鋭,遣千餘騎爲前鋒而進，封弈止之，汗不從，爲蘭所敗，死者大半。蘭復攻柳城，爲飛梯、地道，圍守二旬，石琮躬勒將士出擊，敗之，斬首千五百級，蘭乃遁歸。

《十六國春秋輯補》卷二十四《前燕録二·慕容皝》頁一八六

柳城之敗，段蘭欲乘勝深入，翰慮成本國之害，詭説於蘭，蘭遂不進。

《十六國春秋輯補》卷二十五《前燕録三·慕容皝附慕容翰》頁一九七

牛尾谷，在營州北。晉咸和九年，遼西鮮卑段蘭攻柳城，敗慕容皝將慕容汗于此。

《讀史方輿紀要》卷十八《北直九》頁八四二

公元三三五年　東晉成帝咸康元年

《晉咸康起居注》①曰：詔送遼東使段遼等鸚鵡杯。

《太平御覽》卷七五九《器物部四·杯》頁三三七〇下

《晉咸康起居注》曰：詔賜遼東段遼等琉璃碗。

《太平御覽》卷七六〇《器物部五·碗》頁三三七二上

段氏、宇文氏各遣使詣慕容仁，館于平郭城外。皝帳下

①咸康爲東晉成帝年號，今繫於咸康元年之下。

督張英將百餘騎間道潛行掩擊之,間,古莧翻。斬宇文氏使十餘人,生擒段氏使以歸。

《資治通鑑》卷九十五《晉紀十七·成帝咸康元年》頁三〇〇四

公元三三六年　東晉成帝咸康二年

咸康二年,成帝詔徵群等,爲末波兄弟愛其才,託以道險不遣。

《晉書》卷六十二《列傳第三十二·劉琨》頁一六九一

咸康二年,成帝詔徵群等,爲末波兄弟愛其才,託以道險不遣。

《通志》卷一百二十五《列傳三十八·劉琨》頁一九五二上

段遼遣其將李詠夜襲武興,遇雨,引還,都尉張萌追擊,擒詠。段蘭擁衆數萬屯于曲水亭,將攻柳城,宇文歸入寇安晉,爲蘭聲援。皝以步騎五萬擊之,師次柳城,蘭、歸皆遁。遣封弈率輕騎追擊,敗之,收其軍實,館穀二旬而還。謂諸將曰:"二虜耻無功而歸,必復重至,宜於柳城左右設伏以待之。"遣封弈率騎潛于馬兜山諸道。俄而遼騎果至,弈夾擊,大敗之,斬其將榮保。遣兼長史劉斌、郎中令陽景送徐孟等歸于京師。使其世子儁伐段遼諸城,封弈攻宇文別部,皆大捷而歸。

《晉書》卷一百九《載記第九·慕容皝》頁二八一七

段遼弟蘭擁衆數萬屯于曲水亭，將攻柳城，宇文歸寇安晉，爲蘭聲援。皝以步騎五萬擊之，師次柳城，蘭、歸皆遁。遣封奕率輕騎追擊，敗之，收其軍實，館穀二旬而還。謂諸將曰："二虜恥無功而歸，必復重至，宜於柳城左右設伏以待之。"遣封奕率騎潛于馬兜山諸道。俄而遼騎果至，奕夾擊，大敗之，斬其將榮保。遣兼長史劉斌、郎中令陽景送徐孟歸于京師。

《册府元龜》卷二二二《僭僞部·勳伐二》頁二六五七上

夏，六月，段遼遣中軍將軍李詠襲慕容皝。詠趣武興，武興城，在令支東。都尉張萌擊擒之。遼別遣段蘭將步騎數萬屯柳城西回水，"回水"，《載記》作"曲水"。《水經注》：陽樂水出上谷且居縣，東北流，逕女祁縣，世謂之橫水，又謂之陽曲水。又濡河從塞外來，西北逕禦夷鎮城，又東北逕孤山南，又東南，水流回曲，謂之曲河鎮。又據《載記》，曲水當在好城西北。將，即亮翻。騎，奇寄翻。宇文逸豆歸攻安晉以爲蘭聲援。皝帥步騎五萬向柳城，蘭不戰而遁。皝引兵北趣安晉，咸安八年，皝築安晉城。趣，七喻翻。逸豆歸棄輜重走；重，直用翻。皝遣司馬封奕帥輕騎追擊，大破之。皝謂諸將曰："二虜恥無功，必將復至，復，扶又翻。宜於柳城左右設伏以待之。"乃遣封奕帥騎數千伏於馬兜山。三月，【張："三月"作"七月"。】段遼果將數千騎來寇抄。抄，楚交翻。奕縱擊，大破之，斬其將榮伯保。

《資治通鑑》卷九十五《晉紀十七·成帝咸康二年》頁三〇〇六

段遼遣其將李詠夜襲興國,遇雨,引還,都尉張萌追擊,擒詠。段蘭擁衆數萬屯于曲水亭,將攻柳城,宇文歸入寇安晉,爲蘭聲援。皝以步騎五萬擊之,師次柳城,蘭、歸皆遁。遣封奕率輕騎追擊,敗之,收其軍實,館穀二旬而還。謂諸將曰:"二虜恥無功而歸,必復重至,宜於柳城左右設伏以待之。"遣封奕率騎潛于馬兜山諸道。俄而遼騎果至,奕夾擊,大敗之,斬其將榮保。遣兼長史劉斌、郎中令陽景送徐孟等歸于京師。使其世子儁伐段遼諸城,封奕攻宇文別部,皆大捷而歸。

《通志》卷一百八十八《載記三·慕容皝》頁三〇一二下至三〇一三上

武興城,在營州南。其西與令支城相近。晉咸康二年,段遼遣將李詠襲慕容皝,詠趣武興,皝將張萌擊擒之。

《讀史方輿紀要》卷十八《北直九》頁八三五

馬兜山,亦在營州西南。段遼掠柳城,慕容皝遣封奕帥騎伏于馬兜山,破斬遼將榮伯保是也。

《讀史方輿紀要》卷十八《北直九》頁八四一

回水,在營州西南。晉延康二年,〔一四〕段遼遣將李詠襲慕容皝,趨武興,又遣段蘭屯柳城西回水,宇文逸豆歸攻安晉爲蘭聲援,皆爲皝所敗。或曰回水亦名曲水。

【校勘記】

〔一四〕晉延康二年 晉代諸帝無年號爲延康者,段遼遣將李詠襲慕容皝事在晉咸康二年,《晉書》卷一〇九《慕容皝載記》及《通鑑》卷九五《晉紀》一七俱有記載,此"延康"當是"咸康"之誤。

《讀史方輿紀要》卷十八《北直九》頁八四四、八六五

段遼遣其將李詠夜襲武興,遇雨引還。都尉張萌追擊,擒詠。段蘭擁衆數萬屯於曲水亭,將攻柳城。宇文歸入寇安晉,爲蘭聲援。皝以步騎五萬擊之,師次柳城。蘭、歸皆遁。遣封弈率輕騎追擊,敗之。收其軍實,館穀二旬而還。謂諸將曰:"二虜恥無功而歸,必復重至。宜於柳城左右設伏以待之。"遣封弈率騎潛於馬兜山諸道。俄而遼騎果至,弈夾擊,大敗之,斬其將榮保,遣兼長史劉斌、郎中令陽景送徐孟等歸於京師。使其世子儁伐段遼諸城,封弈攻宇文別部,皆大捷而歸。

《十六國春秋輯補》卷二十四《前燕錄二·慕容皝》頁一八六至一八七

公元三三七年　東晉成帝咸康三年　後趙武帝建武三年　前燕文明帝四年

後徙昌黎郡,築好城於乙連東,使將軍蘭勃戍之,以逼乙連。又城曲水,以爲勃援。乙連饑甚,段遼輸之粟,蘭勃要擊獲之。遼遣將屈雲攻興國,與皝將慕容遵大戰於五官水上,雲敗,斬之,盡俘其衆。

《晉書》卷一百九《載記第九·慕容皝》頁二八一七

三月，慕容皝於乙連城東築好城以逼乙連，乙連城，段國之東境也，在曲水之西。留折衝將軍蘭勃守之。夏，四月，段遼以車數千兩輸乙連粟，兩，力讓翻，乘也。蘭勃擊而取之。六月，遼又遣其從弟揚威將軍屈雲將精騎夜襲皝子遵於興國城，興國城，蓋慕容氏所築。從，才用翻。將，即亮翻。騎，奇寄翻。遵擊破之。

《資治通鑑》卷九十五《晉紀十七·成帝咸康三年》頁三〇一〇

後徙昌黎郡，築好城於乙連東，使將軍蘭勃戍之，以逼乙連。又城曲水，以爲勃援。乙連饑甚，段遼輸之粟，蘭勃要擊獲之。遼遣將屈雲攻興國，與皝將慕容遵大戰於五官水上，雲敗，斬之，盡俘其衆。

《通志》卷一百八十八《載記三·慕容皝》頁三〇一三上

徙昌黎郡，築好城於乙連東，使將軍蘭勃戍之，以逼乙連。又城曲水，以爲勃援。乙連饑甚，段遼輸之粟，蘭勃要擊獲之。遼遣將屈雲攻興國，與皝將慕容遵大戰於五官水上。雲敗，斬之，盡俘其衆。

《十六國春秋輯補》卷二十四《前燕錄二·慕容皝》頁一八七

乙連城，在營州西南二百里。東晉初段國之東境。咸康三年慕容皝攻段遼于乙連城，築好城以逼之。又築興國城，與乙連城相距數十里，段遼來攻，屢敗之。

《讀史方輿紀要》卷十八《北直九》頁八三四

段遼與皝相攻，裕諫曰："臣聞親仁善鄰，國之寶也。慕容與國世爲婚姻，且皝令德之主，不宜連兵構怨，凋殘百姓。臣恐禍害之興，將由於此。願兩追前失，通款如初，使國家有太山之安，蒼生蒙息肩之惠。"遼不從。出爲燕郡太守。

《晉書》卷一百九《載記第九·慕容皝附陽裕》頁二八二八至二八二九

初，北平陽裕事段疾陸眷及遼五世，疾陸眷、涉復辰、末柸、牙、遼，凡五世。皆見尊禮。遼數與皝相攻，數，所角翻。裕諫曰："'親仁善鄰，國之寶也。'《左傳》陳五父之言。況慕容氏與我世婚，迭爲甥舅，廆、皝皆娶于段氏，蓋前此慕容氏亦女于段也。皝有才德，而我與之構怨；戰無虛月，百姓彫弊，利不補害，臣恐社稷之憂將由此始。願兩追前失，通好如初，好，呼到翻；下好妝同。以安國息民。"遼不從，出裕爲北平相。相，息亮翻。

《資治通鑑》卷九十五《晉紀十七·成帝咸康三年》頁三〇一〇至三〇一一

段遼與皝相攻，裕諫曰："臣聞親仁善鄰，國之寶也。慕容與國世爲婚姻，且皝令德之主，不宜連兵構怨，凋殘百姓。臣恐禍害之興，將由於此。願兩追前失，通款如初，使國家有泰山之安，蒼生蒙息肩之惠。"遼不從。出爲燕郡太守。

《通志》卷一百八十八《載記三·慕容皝附陽裕》頁三〇一九下

段遼與皝相攻，裕諫曰："臣聞親仁善鄰，國之寶也。慕容與國世爲婚姻,且皝令德之主,不宜連兵構怨,凋殘百姓。臣恐禍害之興,將由於此。願兩追前失,通款如初,使國家有泰山之安,蒼生蒙息肩之惠。"遼不從。出爲燕郡太守。

《十六國春秋輯補》卷二十五《前燕錄三·慕容皝附陽裕》頁一九九

皝以段遼屢爲邊患,遣將軍宋回稱藩于石季龍,請師討遼。

《晉書》卷一百九《載記第九·慕容皝》頁二八一八

初,慕容皝與段遼有隙,遣使稱藩于季龍,陳遼宜伐,請盡衆來會。

《晉書》卷一百六《載記第六·石季龍上》頁二七六八

皝以段遼婁爲邊患,遣將軍宋回稱藩于石季龍,請師討遼。

《冊府元龜》卷二二二《僭僞部·勳伐二》頁二六五七上

十一月,甲寅,追尊武宣公爲武宣王,廆,謚武宣公。夫人段氏曰武宣后;立夫人段氏爲王后,世子儁爲王太子,如魏武、晉文輔政故事。

段遼數侵趙邊,數,所角翻。燕王皝遣揚烈將軍宋回稱藩於趙,乞師以討遼,自請盡帥國中之衆以會之,帥,讀曰率。并以其弟寧遠將軍汗爲質。沈約《志》:寧遠將軍,晉江左置。蓋始於此時。質,音致;下同。趙王虎大悅,厚加慰答,辭其質,遣還;密期以明年。爲趙、燕攻段遼張本。

《資治通鑑》卷九十五《晉紀十七·成帝咸康三年》頁三〇一三

初,慕容皝與段遼有隙,遣使稱藩于虎,陳遼宜伐,請盡衆來會。

《通志》卷一百八十七《載記二·石虎》頁三〇〇二中

皝以段遼屢爲邊患,遣將軍宋回稱藩于石虎,請師討遼。

《通志》卷一百八十八《載記三·慕容皝》頁三〇一三上

初,慕容皝與段遼有隙,遣使稱藩於季龍,陳遼宜伐,請盡衆來會。

《十六國春秋輯補》卷十六《後趙錄六·石虎》頁一二七

皝以段遼屢爲邊患,遣將軍宋回稱藩於石季龍,請師討遼。

《十六國春秋輯補》卷二十四《前燕錄二·慕容皝》頁一八七

公元三三八年　東晉成帝咸康四年　後趙武帝建武四年　前燕文明帝五年

四年春二月,石季龍帥衆七萬,擊段遼于遼西,遼奔于平崗。

《晉書》卷七《帝紀第七·成帝》頁一八一

四年二月自隴西攻段遼于薊,又襲慕容皝於棘城,不克,觥擊破其將麻秋,并虜段遼殺之。

《晉書》卷十三《志第三·天文下》頁三七一

及季龍之世,彌加禮重。憲有二子:抱、毅,並以文才知名。毅仕季龍爲太子中庶子、散騎常侍。抱、毅俱豪俠耽酒,好臧否人物。與河間邢魚有隙,魚竊乘毅馬奔段遼,爲人所獲,魚誣毅使己以季龍當襲鮮卑,告之爲備。時季龍適謀伐遼,而與魚辭正會。季龍悉誅抱、毅,憲亦坐免。

《晉書》卷三十五《列傳第五·裴秀附裴憲》頁一〇五一

季龍將伐遼西鮮卑段遼,募有勇力者三萬人,皆拜龍騰中郎。遼遣從弟屈雲襲幽州,刺史李孟退奔易京。季龍以桃豹爲橫海將軍,王華爲渡遼將軍,統舟師十萬出漂渝津,支雄爲龍驤大將軍,姚弋仲爲冠軍將軍,統步騎十萬爲前鋒,以伐段遼。季龍衆次金臺,支雄長驅入薊,遼漁陽太守馬鮑、代相張牧、北平相陽裕、上谷相侯龕等四十餘城並率衆降于季龍。支雄攻安次,斬其部大夫那樓奇。遼懼,棄令支,奔于密雲山。遼左右長史劉群、盧諶、司馬崔悅等封其府庫,遣使請降。季龍遣將軍郭太、麻秋等輕騎二萬追遼,及之,戰于密雲,獲其母妻,斬級三千。遼單馬竄險,遣子乞特真送表及名馬,季龍納之。乃遷其户二萬餘于雍、司、兖、豫四州之地,諸有才行者皆擢叙之。先是,北單于乙回爲鮮卑敦那所逐,既平遼西,遣其將李穆擊那破之,復立乙回而還。季龍入遼宫,論功封賞各有差。

《晉書》卷一百六《載記第六·石季龍上》頁二七六七至二七六八

段遼於密雲山遣使詐降，季龍信之，使征東麻秋百里郊迎，敕秋曰："受降如待敵，將軍慎之。"遼又遣使降于慕容皝曰："胡貪而無謀，吾今請降求迎，彼終不疑也。若伏重軍以要之，可以得志。"皝遣子恪伏兵於密雲。麻秋統衆三萬迎遼，爲恪所襲，死者十六七，秋步遁而歸。季龍聞之驚怒，方食吐餔，乃削秋官爵。

《晉書》卷一百六《載記第六·石季龍上》頁二七六九

（石）季龍於是總衆而至。皝率諸軍攻遼令支以北諸城，遼遣其將段蘭來距，大戰，敗之，斬級數千，掠五千餘户而歸。季龍至徐無，遼奔密雲山。季龍進入令支，怒皝之不會師也，進軍擊之，至于棘城，戎卒數十萬，四面進攻，郡縣諸部叛應季龍者三十六城。相持旬餘，左右勸皝降。皝曰："孤方取天下，何乃降人乎！"遣子恪等率騎二千，晨出擊之。季龍諸軍驚擾，棄甲而遁。恪乘勝追之，斬獲三萬餘級，築成凡城而還。段遼遣使詐降於季龍，請兵應接。季龍遣其將麻秋率衆迎遼，恪伏精騎七千於密雲山，大敗之，獲其司馬陽裕、將軍鮮于亮，擁段遼及其部衆以歸。

《晉書》卷一百九《載記第九·慕容皝》頁二八一八

後石季龍征遼，皝親將三軍略令支以北，遼議欲追之，翰知皝躬自總戎，戰必克勝，乃謂遼曰："今石氏向至，方對大敵，不宜復以小小爲事。燕王自來，士馬精鋭。兵者凶器，戰有危慮，若其失利，何以南禦乎！"蘭怒曰："吾前聽卿誑説，致成今患，不復入卿計中矣。"乃率衆追皝，蘭果大敗。翰雖處仇國,因事立忠,皆此類也。

及遼奔走,翰又北投宇文歸。

《晉書》卷一百九《載記第九·慕容皝附慕容翰》頁二八二七

石季龍克令支,裕以郡降,拜北平太守,徵爲尚書左丞。

段遼之請迎於季龍也,裕以左丞領征東麻秋司馬。〔六〕秋敗,裕爲軍人所執,將詣皝。皝素聞裕名,即命釋其囚,拜郎中令,遷大將軍左司馬。

【校勘記】

〔六〕裕以左丞領征東麻秋司馬　各本"丞"下有"相"字,宋本無。《通志》一八八同宋本。上文云"徵爲尚書左丞","相"字衍,今從宋本。

《晉書》卷一百九《載記第九·慕容皝附陽裕》頁二八二九、二八三〇

時石季龍親征段遼,師次范陽,百姓饑儉,軍供有闕。季龍大怒,太守惶怖避匿。

《晉書》卷一百十《載記第十·慕容儁附李績》頁二八四四

四年二月,自襲段遼于薊,遼奔敗。又攻慕容皝於棘城,不克引退,皝追之,殺數百人。虎留其將麻秋屯令支,皝破秋,并虜遼殺之。

《宋書》卷二十四《志第十四·天文二》頁七〇八至七〇九

四年,虎滅段遼而敗於慕容皝。

《宋書》卷二十四《志第十四·天文二》頁七〇九

從征段遼有功,進封西平郡公。
《太平御覽》卷一二一《偏霸部五·前秦苻洪》頁五八五下

(石)季龍於是總衆而至。皝率諸軍攻遼令支以北諸城邊,遼遣其將段蘭來距,大戰,敗之,斬級數千,掠五千餘户而歸。季龍至徐無,遼奔密雲山。季龍進入令支,怒皝之不會師也,進軍擊之,至于棘城,戎率數十萬,四面進攻,郡縣諸部叛應季龍者二十六城。相持旬餘,左右勸皝降龍。皝曰:"孤方取天下,何乃降人乎!"遣其子恪等率騎三千,晨出擊之。季龍諸軍驚擾,棄甲而遁。恪乘勝追之,斬獲二萬餘級,築戍凡城而還。
《冊府元龜》卷二二二《僭僞部·勳伐二》頁二六五七上至二六五七下

(石)季龍又僭稱大趙天王,將伐遼西鮮卑段遼,募有勇力者三萬人,皆拜龍驤中郎。遼遣從弟屈雪襲幽州,刺史李孟退奔易京。季龍以桃豹為橫海將軍,王華為渡遼將軍,統舟師十萬出漂渝津,支雄為龍驤大將軍,姚弋仲為冠軍將軍,統步騎十萬為前鋒,以伐段遼。季龍衆次金臺,支雄長驅入薊,遼漁陽太守馬鮑、代相張牧、北平相楊裕、上谷相侯龕等四十餘城並率衆降於季龍。支雄攻安次,斬其部大夫那樓奇。遼懼,棄令支,奔於密雲山。遼左右長史劉群、盧諶、司馬崔悅等封其府庫,遣使請降。季龍遣將軍郭太等輕騎二萬追遼,及之,戰於密雲,獲其母妻,斬級三千。遼單馬竄險,遣子乞特真送表及名馬,季龍納之。乃遷其戶二萬餘於雍、司、兗、豫四州之地,諸有才行者皆擢叙之。先是,北單于乙回爲鮮卑郭那所逐,既平遼西,遣其將李穆擊那破之,復立乙回而還。

《冊府元龜》卷二三一《僭偽部·征伐》頁二七四六下

時石季龍親征段遼,師以范陽,百姓饑儉,軍供有闕。季龍大怒,太守惶怖避匿。

《冊府元龜》卷七五二《總錄部·孝二》頁八九五六上

邢魚,河間人。後趙時,裴憲二子挹、毅,毅仕石季龍爲散騎常侍,與魚有隙,魚竊乘毅馬奔段遼,爲人所獲,魚誣毅使己以季龍當襲鮮卑,告之爲備。于時虎適謀伐遼,而與魚辭正會。季龍遂誅毅及兄挹,而憲亦坐免。

《冊府元龜》卷九三二《總錄部·誣構一》頁一〇九八八上

後趙石季龍伐遼西鮮卑段遼,遼於密雲山遣使詐降。季龍信之,使征東麻秋百里郊外迎。敕秋曰:"受降如待敵,將軍慎之。"遼又遣使降於慕容皝,皝曰:"胡貪而無謀,吾今請降求迎,彼終不疑也。若伏重軍以要之,可以得志。"皝遣子恪伏兵於密雲。麻秋統衆三萬迎遼,爲恪所襲,死者十六七,秋步遁而歸。季龍聞之驚怒，方食吐餔，乃削秋官爵。

《册府元龜》卷九九八《外臣部·姦詐》頁一一七一〇上至一一七一〇下

趙王虎將擊段遼，募驍勇者三萬人，驍，堅堯翻。悉拜龍騰中郎。據《載記》，咸康二年，虎改直盪爲龍騰，冠以絳幘。會遼遣段屈雲襲趙幽州，幽州刺史李孟退保易京。虎乃以桃豹爲橫海將軍，橫海將軍蓋石氏創置。王華爲渡遼將軍，帥舟師十萬出漂渝津；《水經》曰：清河東北過漂榆邑入于海。《注》云：漂榆故城，俗謂之角飛城。《趙記》云：石勒使王述煮鹽于角飛。《魏土地記》曰：勃海郡高城縣東北一百里，北盡漂榆，東臨巨海，民咸煮鹽爲業。帥，讀曰率。支雄爲龍驤大將軍，姚弋仲爲冠軍將軍，驤，思將翻。帥步騎七萬爲前鋒以伐遼。冠，古玩翻。帥，讀曰率。騎，奇寄翻。

《資治通鑑》卷九十六《晉紀十八·成帝咸康四年》頁三〇一四

三月，趙槃還至棘城。燕王皝引兵攻掠令支以北諸城。令，音鈴；師古郎定翻。支，音祁。段遼將追之，慕容翰曰："今趙兵在南，當并力禦之；而更與燕鬭。燕王自將而來，將，即亮翻；下悉將同。其士卒精銳，若萬一失利，將何以禦南敵乎！"段蘭怒曰："吾前爲卿所誤，事見上卷咸和八年。以成今日之患；吾不復墮卿計中矣！"乃悉將見衆追之。復，扶又翻；下同。見，賢遍翻。皝設伏以待之，大破蘭兵，斬首數千級，掠五千户及畜産萬計以歸。

趙王虎進屯金臺。按《水經注》：金臺在涿郡故安縣，有金臺陂，臺在陂北十餘步，即燕昭王築以事郭隗之臺。支雄長驅入薊，薊，音計。段遼所署漁陽、上谷、代郡守相皆降，取四十餘城。北平相陽裕帥其民數千家登燕山以自固。《五代志》，北平無終縣有燕山。守，手又翻。相，息亮翻。燕，於賢翻。諸將恐其爲後患，欲攻之。虎曰："裕儒生，矜惜名節，恥於迎降耳，降，戶江翻；下同。無能爲也。"遂過之，至徐無。徐無縣，屬北平郡，其地在唐薊州玉田縣界。段遼以其弟蘭既敗，不敢復戰，帥妻子、宗族、豪大千餘家，豪大，猶言豪帥也。是時東北夷率謂主帥爲大，部帥曰部大，城主曰城大是也。棄令支，奔密雲山。《水經注》：密雲戍在禦夷鎮東南九十里，鮑丘水逕其西。唐檀州治密雲縣，西南去范陽二百里。又據《晉紀》云，遼奔于平岡。蓋密雲山在漢平岡縣界。宋白曰：檀州密雲縣，本漢虒奚縣，西南至幽州百九十里，西至媯川二百五十里，東北至長城障塞百一十里，東南至薊州百九十里。將行，執慕容翰手泣曰："不用卿言，自取敗亡；我固甘心，令卿失所，深以爲愧。"

《資治通鑑》卷九十六《晉紀十八·成帝咸康四年》頁三〇一五

（段）遼左右長史劉群、盧諶、崔悦等封府庫請降。群、諶、悦奔令支，見九十卷元帝大興元年。虎遣將軍郭太、麻秋帥輕騎二萬追遼，至密雲山，獲其母妻，斬首三千級。遼單騎走險，赴險以自保。走，音奏。遣其子乞特真奉表及獻名馬於趙，虎受之。

《資治通鑑》卷九十六《晉紀十八·成帝咸康四年》頁三〇一六

趙王虎以燕王皝不會趙兵攻段遼而自專其利，以皝掠段氏人民、畜産，不待趙師至而北歸也。欲伐之。

《資治通鑑》卷九十六《晉紀十八·成帝咸康四年》頁三〇一八

十二月，段遼自密雲山遣使求迎於趙；使，疏吏翻；下同。既而中悔，復遣使求迎於燕。復，扶又翻。

趙王虎遣征東將軍麻秋帥衆三萬迎之，帥，讀曰率；下同。敕秋曰："受降如受敵，不可輕也！"降，户江翻。以尚書左丞陽裕，遼之故臣，使爲秋司馬。

燕王皝自帥諸將迎遼，帥，讀曰率。遼密與燕謀覆趙軍。皝遣慕容恪伏精騎七千於密雲山，大敗麻秋於三藏口，《水經注》：安州東有武列水，其水三川派合。西源曰西藏水，西南流，而東藏水注之。水出東溪，西南流出谷，與中藏水合；水導中溪，南流出谷，南注東藏水。東藏水又南右入西藏水。故目其川曰三藏川。魏收《地形志》曰：皇興二年置安州，統密雲等郡。隋廢郡爲密雲縣，唐爲檀州治所。敗，補邁翻。死者什六七。秋步走得免，陽裕爲燕所執。

趙將軍范陽鮮于亮失馬，步緣山不能進，因止，端坐；燕兵環之，環，音宦。叱令起。亮曰："身是貴人，義不爲小人所屈；汝曹能殺亟殺，不能則去！"亮儀觀豐偉，觀，古玩翻。聲氣雄厲，燕兵憚之，不敢殺，以白皝。皝以馬迎之，與語，大悦，用爲左常侍，晉制：諸王國，大國置左、右常侍。以崔悆之女妻之。妻，七細翻。

皝盡得段遼之衆。待遼以上賓之禮，以陽裕爲郎中令。

《資治通鑑》卷九十六《晉紀十八·成帝咸康四年》頁三〇二六

四年春二月，石虎帥衆七萬，擊段遼于遼西，遼奔于平崗。

《通志》卷十下《晉紀十下·成皇帝》頁一九九上

及石虎之世，彌加禮重。憲有二子：挹、毅，並以文才知名。毅仕石虎爲太子中庶子、散騎常侍。挹、毅俱豪俠耽酒，好臧否人物。與河間邢魚有隙，魚竊乘毅馬奔歸遼，爲人所獲，魚誣毅使己以石虎當襲鮮卑，告之爲備。時石虎適謀伐遼，而與魚辭正會。石虎悉誅挹、毅，憲亦坐免。

《通志》卷一百二十一上《列傳三十四上·裴秀附裴憲》頁一八六一上

虎將伐遼西鮮卑段遼，募有勇力者三萬人，皆拜龍騰中郎。遼遣從弟屈雲襲幽州，刺史李孟退奔易京。虎以桃豹爲橫海將軍，王華爲渡遼將軍，統舟師十萬出漂渝津，支雄爲龍驤大將軍，姚弋仲爲冠軍將軍，統步騎十萬爲前鋒，以伐段遼。虎衆次金臺，支雄長驅入薊，遼漁陽太守馬鮑、代相張牧、北平相陽裕、上谷相侯龕等四十餘城並率衆降于虎。支雄攻安次，斬其部大夫那樓奇。遼懼，棄令支，奔于密雲山。遼左右長史劉群、盧諶、司馬崔悅等封其府庫，遣使請降。虎遣將軍郭太、麻秋等輕騎二萬追遼，及之，戰于密雲，獲其母妻，斬級三千。遼單馬竄險，遣子乞特真送表及名馬，虎納之。乃遷其户二萬餘于雍、司、兖、豫四州之地，諸有才行者皆擢叙之。先是，北單于乙回爲鮮卑敦那所逐，既平遼西，遣其將李穆擊那破之，復立乙回而還。虎入遼宮，論功封賞各有差。

《通志》卷一百八十七《載記二·石虎》頁三〇〇二上至三〇〇二中

段遼於密雲山遣使詐降,虎信之,使征東麻秋百里郊迎,敕秋曰:"受降如待敵,將軍慎之。"遼又遣使降于慕容皝曰:"胡貪而無謀,吾今請降求迎,彼終不疑也。若伏重軍以要之,可以得志。"皝遣子恪伏兵於密雲。麻秋統衆三萬迎遼,爲恪所襲,死者十六七,秋步遁而歸。虎聞之驚怒,方食吐餔,乃削秋官爵。

《通志》卷一百八十七《載記二·石虎》頁三〇〇二下

(石)虎於是總衆而至。皝率諸軍攻遼令支以北諸城,遼遣其將段蘭來距,大戰,敗之,斬級數千,掠五千餘户而歸。虎至徐無,遼奔密雲山。虎進入令支,怒皝之不會師也,進軍擊之,至于棘城,戎卒數十萬,四面進攻,郡縣諸部叛應虎者三十六城。相持旬餘,左右勸皝降。皝曰:"孤方取天下,何乃降人乎!"遣子恪等率騎二千,晨出擊之。虎諸軍驚擾,棄甲而遁。恪乘勝追之,斬獲三萬餘級,築成凡城而還。段遼遣使詐降於石虎,請兵應接。虎遣其將麻秋率衆迎遼,恪伏精騎七千於密雲山,大敗之,獲其司馬陽裕、將軍單于亮,擁段遼及其部衆以歸。

《通志》卷一百八十八《載記三·慕容皝》頁三〇一三上至三〇一三中

後石虎征遼,皝親將三軍略令支以北,遼議欲追之,翰知皝躬自總戎,戰必克勝,乃謂遼曰:"今石氏向至,方對大敵,不宜復以小小爲事。燕主自來,士馬精銳。兵者凶器,戰有危慮,若其失利,何以南禦乎!"蘭怒曰:"吾前聽卿誑說,致成今患,不復入卿計中矣。"乃率衆追皝,蘭果大敗。翰雖處仇國,因事立忠,皆此類也。

及遼奔走,翰又北投宇文歸。

《通志》卷一百八十八《載記三·慕容皝附慕容翰》頁三〇一九中

石虎克令支,裕以郡降,拜北平太守,徵爲尚書左丞。段遼之請迎於虎也,裕以左丞領征東麻秋司馬。秋敗,裕爲軍人所執,將詣皝。皝素聞裕名,即命釋其囚,拜郎中令,遷大將軍左司馬。

《通志》卷一百八十八《載記三·慕容皝附陽裕》頁三〇一九下

時石虎親征段遼,師次范陽,百姓饑儉,軍供有闕。虎大怒,太守惶怖避匿。

《通志》卷一百八十八《載記三·慕容儁附李績》頁三〇二〇中

其後石虎僭王,攻段遼,襲慕容皝,不克,皝擊破并虜段遼。

《文獻通考》卷二百八十八《象緯十一·月五星凌犯》頁二二八〇上

（石虎）東取令支，今永平府東北有令支故城，時爲遼西鮮卑段遼所據，虎與慕容皝共攻滅之。

《讀史方輿紀要》卷三《歷代州域形勢三》頁一二二

（慕容皝）自稱燕王，西摧段氏，敗石虎，咸康四年皝與石虎約攻段氏，皝攻掠令支以北諸城，大獲而還。既而趙入令支滅段氏，以皝不會趙兵，自專其利，移兵擊皝，敗去。

《讀史方輿紀要》卷三《歷代州域形勢三》頁一二四

密雲山，縣南十五里。一名橫山。晉咸康四年，石虎攻段遼於令支，遼棄令支奔密雲山，虎遣將追獲其母妻。《晉紀》云"段遼爲石虎所敗，奔於平岡山"，蓋近漢平岡縣界。唐置橫山城爲守禦處，蓋置於山下。又石峨山，在縣東。泃水出焉，流入平谷縣界。志云：縣東北八里有冶山，上有塔，石洞深邃，水四時不竭。東有王府洞，昔人淘金址尚存。又有香陘山，在縣東北。《水經注》："香陘西北有伏陵山，崟嶂寒深，凝冰夏結。"

《讀史方輿紀要》卷十一《北直二》頁四八五

咸康三年後趙石虎攻段遼於令支，至徐無。

《讀史方輿紀要》卷十一《北直二》頁四九七

燕山，縣西北二十五里。志云：山自西山一帶迤邐東來，延袤數百里，抵海岸。蘇轍詩："燕山如長蛇，千里限夷、漢。首銜西山麓，尾挂東海岸。中間哆箕、畢，末路牽一線。"蓋寔錄也。東晉咸康四年，石虎攻段遼，遼將北平相陽裕登燕山以自固，即此。

《讀史方輿紀要》卷十一《北直二》頁四九七

咸康四年，段遼襲後趙幽州刺史李孟，孟退保易京。

《讀史方輿紀要》卷十二《北直三》頁五一九

晉咸康四年，石虎擊段遼於令支，自將進屯金臺，王隱《晉書》"時段匹磾進屯故安燕太子丹金臺"是也。

《讀史方輿紀要》卷十二《北直三》頁五四四

漂榆津，縣東北百里。晉咸康四年石虎擊段遼於令支，使王華帥舟師十萬出漂榆津。《水經》："清河東北過漂榆邑入於海。"

《讀史方輿紀要》卷十三《北直四》頁五八四

永嘉中遼西鮮卑段遼都於令支，咸康四年石虎使其將桃豹帥舟師十萬出漂榆津，攻段遼於令支，尋置營州治焉。

《讀史方輿紀要》卷十七《北直八》頁七五一

《水經注》："自無終東出盧龍塞，又東至凡城，又東北趣平剛，此爲正道。"今自徐無轉而西北，改經白檀乃歷平剛，所謂行兵無人之地也。自徐無至平剛路迂而險，自平剛至柳城則近而便矣。晉咸康四年，後趙石虎擊段遼于遼西，遼奔平剛。

《讀史方輿紀要》卷十八《北直九》頁八三三

四年，季龍將伐遼西鮮卑段遼，募有勇力者三萬人，皆拜龍騰中郎。遼遣從弟屈雲襲幽州，刺史李孟退奔易京。季龍以桃豹爲橫海將軍，王華爲渡遼將軍，統舟師十萬出漂榆津；

支雄爲龍驤大將軍、姚弋仲爲冠軍將軍，統步騎十萬爲前鋒，以伐段遼。季龍衆次金臺，支雄長驅入薊。遼漁陽太守馬鮑、代相張牧、北平相陽裕、上谷相侯龕等四十餘城並率衆降於季龍。支雄攻安次，斬其部大夫那樓奇。遼懼，弃令支，奔於密雲山。遼左右長史劉群、盧諶、司馬崔悦等封其府庫，遣使請降。季龍遣將軍郭太、麻秋等輕騎二萬追遼，及之，戰於密雲，獲其母妻，斬級三千。遼單馬竄險，遣子乞特真送表及名馬，季龍納之。乃遷其户二萬餘於雍司兖豫四州之地，諸有才行者皆擢叙之。先是，北單于乙回爲鮮卑敦那所逐，既平遼西，遣其將李穆擊那破之，復立乙回而還。季龍入遼宫，論功封賞各有差。

《十六國春秋輯補》卷十六《後趙録六・石虎》頁一二六至一二七

段遼於密雲山遣使詐降，季龍信之，使征東麻秋百里郊迎，敕秋曰："受降如待敵，將軍愼之。"遼又遣使降於慕容皝曰："胡貪而無謀，吾今請降求迎，彼終不疑也。若伏重軍以要之，可以得志。"皝遣子恪伏兵於密雲，麻秋統衆三萬迎遼，爲恪所襲，死者十六七，秋步遁而歸。季龍聞之驚怒，方食吐餔，乃削秋官爵。

《十六國春秋輯補》卷十六《後趙録六・石虎》頁一二八

五年，季龍總衆而至，皝率諸軍攻遼令支以北諸城，遼遣其將段蘭來距，大戰，敗之。斬級數千，掠五千餘户而歸。季龍至徐無，遼奔密雲山。季龍進入令支，怒皝之不會師也，進軍擊之,至於棘城,戎卒數十萬,四面進攻,郡縣諸部叛應季龍者三十六城。相持旬餘,左右勸皝降,皝曰:"孤方取天下,何乃降人乎!"遣子恪等率騎二千,晨出擊之,季龍諸軍驚擾,弃甲而遁。恪乘勝追之,斬獲三萬餘級,築戍凡城而還。段遼遣使詐降於季龍,請兵應接,季龍遣其將麻秋率衆迎遼,恪伏精騎七千於密雲山,大敗之,獲其司馬陽裕、將軍鮮于亮,擁段遼及其部衆以歸。

《十六國春秋輯補》卷二十四《前燕錄二·慕容皝》頁一八七至一八八

後石季龍征遼,皝親將三軍略令支以北,遼議欲追之,翰知皝躬自總戎,戰必克勝,乃謂遼曰:"今石氏向至,方對大敵,不宜復以小小爲事。燕王自來,士馬精鋭。兵者凶器,戰有危慮,若其失利,何以南禦乎!"蘭怒曰:"吾前聽卿誑説,致成今患,不復入卿計中矣。"乃率衆追皝,蘭果大敗。翰處仇國,因事立忠,皆此類也。及遼奔走,翰又北投宇文歸。

《十六國春秋輯補》卷二十五《前燕錄三·慕容皝附慕容翰》頁一九七

石季龍克令支,裕以郡降,拜北平太守,徵爲尚書左丞。段遼之請迎於季龍也,裕以左丞相"相"字疑衍。領征東麻秋司馬。秋敗,裕爲軍人所執,將詣皝。皝素聞裕名,即命釋其囚,拜郎中令,遷大將軍左司馬。

《十六國春秋輯補》卷二十五《前燕錄三·慕容皝附陽裕》頁一九九

時石季龍親征段遼，師次范陽，百姓饑儉，軍供有闕。季龍大怒，太守惶怖避匿。

《十六國春秋輯補》卷二十七《前燕錄五·慕容儁附李績》頁二一四至二一五

初，段遼之敗也，建威翰奔于宇文歸……

《晉書》卷一百九《載記第九·慕容皝》頁二八二一

及遼奔走，翰又北投宇文歸。

《晉書》卷一百九《載記第九·慕容皝附慕容翰》頁二八二七

（慕容）皝既嗣位，翰北投宇文歸。

《冊府元龜》卷八四六《總錄部·善射》頁一〇〇四二上至一〇〇四二下

（慕容）翰北奔宇文氏。

《資治通鑑》卷九十六《晉紀十八·成帝咸康四年》頁三〇一五

初，段遼之敗也，建威翰奔于宇文歸。

《通志》卷一百八十八《載記三·慕容皝》頁三〇一三中

及遼奔走，翰又北投宇文歸。

《通志》卷一百八十八《載記三·慕容皝附慕容翰》頁三〇一九中

初段遼之敗也,建威翰奔於宇文歸。

《十六國春秋輯補》卷二十四《前燕錄二·慕容皝》頁一八八

及遼奔走,翰又北投宇文歸。

《十六國春秋輯補》卷二十五《前燕錄三·慕容皝附慕容翰》頁一九七

公元三三九年　東晉成帝咸康五年　前燕文明帝六年

段遼謀叛,皝誅之。

《晉書》卷一百九《載記第九·慕容皝》頁二八一八

段遼謀反於燕,燕人殺遼及其黨與數十人,送遼首於趙。

《資治通鑑》卷九十六《晉紀十八·成帝咸康五年》頁三〇三〇

段遼謀叛,皝誅之。

《通志》卷一百八十八《載記三·慕容皝》頁三〇一三中

段遼謀叛,皝誅之。

《十六國春秋輯補》卷二十四《前燕錄二·慕容皝》頁一八八

公元三四三年　東晉康帝建元元年　後趙武帝建武九年　前燕文明帝十年

鎮北宇文歸執送段遼之子蘭降于季龍，〔一〇〕獻駿馬萬匹。

【校勘記】

〔一〇〕段遼之子蘭　《通鑑》九七"子"作"弟"。《慕容皝載記》亦稱"遼弟蘭"，《北史・段就六眷傳》作"鬱蘭"，亦云遼弟。疑作"弟"是。但本書《段匹磾傳》作遼子，與此同。

《晉書》卷一百六《載記第六・石季龍上》頁二七七四、二七七九至二七八〇

宇文逸豆歸執段遼弟蘭，送於趙，段遼之敗，其弟蘭奔宇文部，逸豆歸今執以送趙。并獻駿馬萬匹。趙王虎命蘭帥所從鮮卑五千人屯令支。令，音鈴，又郎定翻。支，音祁。

《資治通鑑》卷九十七《晉紀十九・康帝建元元年》頁三〇五六

鎮北宇文歸執送段遼之子蘭降于虎，獻駿馬萬匹。

《通志》卷一百八十七《載記二・石虎》頁三〇〇三下

鎮北宇文歸執送段遼之子蘭降於季龍，獻駿馬萬匹。

《十六國春秋輯補》卷十七《後趙錄七・石虎》頁一三四

公元三四五年　東晉穆帝永和元年
前燕文明帝十二年

句麗、百濟及宇文、段部之人，皆兵勢所徙，非如中國慕義而至，咸有思歸之心。今戶垂十萬，狹湊都城，恐方將爲國家深害，宜分其兄弟宗屬，徙于西境諸城，撫之以恩，檢之以法，使不得散在居人，知國之虛實。

《晉書》卷一百九《載記第九·慕容皝》頁二八二四

句麗、百濟及宇文、段部之人，皆兵勢所徙，非如中國慕義而至，咸有思歸之心。今戶垂十萬，狹湊都城，恐方將爲國家深害，宜分其兄弟宗屬，徙于西境諸城，撫之以恩，檢之以法，使不得散在居人，知國之虛實。

《通志》卷一百八十八《載記三·慕容皝》頁三〇一三下

句麗、百濟及宇文、段部之人，皆兵勢所徙，非如中國慕義而至，咸有思歸之心。今戶垂十萬，狹湊都城，恐方將爲國家深害，宜分其兄弟宗屬，徙於西境諸城，撫之以恩，檢之以法，使不得散在居人，知國之虛實。

《十六國春秋輯補》卷二十五《前燕錄三·慕容皝》頁一九四

公元三四九年　東晉穆帝永和五年
後趙武帝太寧元年

石遵聞季龍之死，屯于河內。姚弋仲、苻洪、石閔、劉寧及武衛王鸞、寧西王午、石榮、王鐵、立義將軍段勤等既平秦洛，班師而歸，遇遵于李城，說遵曰："殿下長而且賢，先帝亦有意于殿下矣。但以末年惛惑，爲張豺所誤。今上白相持未下，京師宿衛空虛，若聲張豺之罪，鼓行而討之，孰不倒戈開門而迎殿下者邪！"遵從之。

《晉書》卷一百七《載記第七·石季龍下附石世》頁二七八七至二七八八

石遵聞虎之死，屯于河內。姚弋仲、苻洪、石閔、劉寧及武衛王鸞、寧西王午、石榮、王鐵、立義將軍段勤等既平秦洛，班師而歸，遇遵于李城，說遵曰："殿下長而且賢，先帝亦有意于殿下矣。但以末年惛惑，爲張豺所誤。今上白相持未下，京師宿衛空虛，若聲張豺之罪，鼓行而討之，孰不倒戈開門而迎殿下者邪！"遵從之。

《通志》卷一百八十七《載記二·石虎附石世》頁三〇〇六中

彭城王遵先鎮關右，至是聞季龍之死，勒兵而還，屯於河內。姚弋仲、苻洪、石閔、劉寧及武衛王鸞、寧西王午、石榮、王鐵、立義將軍段勒等既平秦洛，班師而歸，遇遵於季城，說遵曰："殿下長而且賢，先帝亦有意於殿下矣，但以末年惛惑，爲張豺所誤。今上白相持未下，京師宿衛空虛，若聲張豺之罪，鼓行而討之，孰不倒戈開門而迎殿下者邪？"遵從之。

《十六國春秋輯補》卷十九《後趙錄九·石虎附石世》頁一四七

公元三五〇年　東晉穆帝永和六年　後趙永寧元年

石琨奔據冀州，撫軍張沈屯滏口，張賀度據石瀆，建義段勤據黎陽，寧南楊群屯桑壁，劉國據陽城，段龕據陳留，姚弋仲據混橋，苻洪據枋頭，眾各數萬。

《晉書》卷一百七《載記第七·石季龍下附石鑒》頁二七九二

撫軍將軍張沈據滏口，滏口、滏水之口也。唐代宗永泰元年，薛嵩奏於滏口之右故臨水縣城置昭義縣，以屬磁州。沈，持林翻。滏，音釜。張賀度據石瀆，魏收《地形志》，鄴縣有石竇堰。建義將軍段勤據黎陽，建義將軍，蓋亦後趙所置。寧南將軍楊群據桑壁，後趙蓋於征、鎮、安、平之外又置四寧。《括地志》：易州遂城縣界有桑丘城。又《水經注》：常山蒲吾縣東南有桑中縣故城，俗謂之石勒城。劉國據陽城，《續漢志》，中山蒲陰縣有陽城。據後劉國自繁陽引兵會石琨擊冉閔，則此陽城乃繁陽城也。段龕據陳留，姚弋仲據灄頭，龕，苦含翻。灄，書涉翻。蒲洪據枋頭，眾各數萬，皆不附於閔。勤，末柸之子；龕，蘭之子也。段末柸先據令支。段蘭自宇文入趙。

《資治通鑑》卷九十八《晉紀二十·穆帝永和六年》頁三一〇〇至三一〇一

石琨奔據冀州，撫軍張沈屯滏口，張賀度據石瀆，建義段勤據黎陽，寧南楊群屯桑壁，劉國據陽城，段龕據陳留，姚弋仲據混橋,苻洪據枋頭,衆各數萬。

《通志》卷一百八十七《載記二·石虎附石鑒》頁三〇〇七下

石琨奔據冀州,撫軍張沈屯滏口,張賀度據石瀆,建義段勤據黎陽,寧南楊群屯桑壁,劉國據陽城,段龕據陳留,姚弋仲據混橋,苻洪據枋頭,衆各數萬。

《十六國春秋輯補》卷十九《後趙錄九·石虎附石鑒》頁一五一

(石)季龍末,遼西段龕自號齊王,據青州。

《晉書》卷十五《志第五·地理下》頁四五〇

初,段蘭卒於令支,段蘭屯令支,見上卷康帝建元元年。令,音鈴,又郎定翻。支,音祁。段龕代領其衆,因石氏之亂,擁部落南徙。秋,七月,龕引兵東據廣固,龕自陳留而東據廣固。自稱齊王。

《資治通鑑》卷九十八《晉紀二十·穆帝永和六年》頁三一〇六

張賀度、段勤與劉國、靳豚會于昌城,將攻鄴。閔遣尚書左僕射劉群爲行臺都督,使其將王泰、崔通、周成等帥步騎十二萬次于黄城,閔躬統精卒八萬繼之,戰于蒼亭。賀度等大敗,死者二萬八千,追斬靳豚于陰安鄉,〔七〕盡俘其衆,振旅而歸。

【校勘記】

〔七〕追斬靳豚于陰安鄉　陰安乃頓丘郡屬縣,見《地理志》上,"鄉"字不當有,《通鑑》九八無"鄉"字亦可證。

《晉書》卷一百七《載記第七·石季龍下附冉閔》頁二七九四、二八〇〇

張賀度、段勤、劉國、靳豚會于昌城,魏收《地形志》:魏郡昌樂縣有昌城。昌樂縣,後魏太和二十一年分魏縣置。靳,居焮翻。將攻鄴。魏主閔自將擊之,戰于蒼亭,蒼亭在河上,西南至東阿六十里。自將,即亮翻。賀度等大敗,死者二萬八千人,追斬靳豚於陰安,陰安縣,漢屬魏郡,晉屬頓丘郡。劉昫曰:陰安城在澶州頓丘縣北。盡俘其衆而歸。

《資治通鑑》卷九十八《晉紀二十·穆帝永和六年》頁三一〇八

張賀度、段勤與劉國、靳豚會于昌城,將攻鄴。閔遣尚書左僕射劉群爲行臺都督,使其將王泰、崔通、周城等帥步騎十二萬次于黃城,閔躬統精卒八萬繼之,戰于蒼亭。賀度等大敗,死者二萬八千,追斬靳豚于陰安鄉,盡俘其衆,振旅而歸。

《通志》卷一百八十七《載記二·冉閔》頁三〇〇八中

張賀度、段勤與劉國、靳豚會於昌城,將攻鄴。閔遣尚書左僕射劉群爲行臺都督,使其將王泰、崔通、周成等帥步騎十二萬次於黃城,閔躬統精卒八萬繼之,戰於蒼亭。賀度等大敗,死者二萬八千,追斬靳豚于陰安鄉,盡俘其衆,振旅

而歸。

《十六國春秋輯補》卷二十《後趙錄十·石閔》頁一五四

公元三五一年　東晉穆帝永和七年　後趙永寧二年　前秦景明帝皇始元年

辛丑,鮮卑段龕以青州來降。苻健僭稱王,國號秦。二月戊寅,以段龕爲鎮北將軍,封齊公。

《晉書》卷八《帝紀第八·穆帝》頁一九七

段龕請以青州内附;二月,戊寅,以龕爲鎮北將軍,封齊公。段龕據廣固,始上卷上年。龕,苦含翻。

《資治通鑑》卷九十九《晉紀二十一·穆帝永和七年》頁三一一二

趙所徙青、雍、幽、荆四州之民石虎破曹嶷,徙青州之民;破劉胤、石生,再徙雍州之民;破段匹磾及爲燕所敗,徙幽州之民;石勒南掠江、漢,徙荆州之民。雍,於用翻。及氐、羌、胡、蠻數百萬口,以趙法禁不行,各還本土;道路交錯,互相殺掠,其能達者什有二、三。

《資治通鑑》卷九十九《晉紀二十一·穆帝永和七年》頁三一一五至三一一六

辛丑,鮮卑段龕以青州來降。苻健僭稱王,國號秦。二月戊寅,以段龕爲鎮北將軍,封齊公。

《通志》卷十下《晉紀十下·穆皇帝》頁二〇一上至二〇一中

公元三五二年　東晉穆帝永和八年
前燕景昭帝元璽元年

　　時鮮卑段勤初附於儁，其後復叛。儁遣慕容恪及相國封弈討冉閔于安喜，慕容垂討段勤于繹幕，儁如中山，爲二軍聲勢……恪進據常山，段勤懼而請降，遂進攻鄴。
　　　　《晉書》卷一百十《載記第十·慕容儁》頁二八三三

　　趙立義將軍段勤聚胡、羯萬餘人保據繹幕，繹幕縣，自漢以來屬清河郡。自稱趙帝。夏，四月，甲子，燕王儁遣慕容恪等擊魏，慕容霸等擊勤。
《資治通鑑》卷九十九《晉紀二十一·穆帝永和八年》頁三一二四

　　慕容霸軍至繹幕，段勤與弟思聰舉城降。降，户江翻；下同。
《資治通鑑》卷九十九《晉紀二十一·穆帝永和八年》頁三一二六

　　時鮮卑段勤初附於儁，其後復叛。儁遣慕容恪及相國封奕討冉閔于安喜，慕容垂討段勤于繹幕，儁如中山，爲二軍聲勢……恪進據常山，段勤懼而請降，遂進攻鄴。
　　　　《通志》卷一百八十八《載記三·慕容儁》頁三〇一四下至三〇一五上

鮮卑段勤初附於儁，其後復叛。四月，遣輔國恪及相國封奕討冉閔於安喜，慕容垂討段勤於繹幕，儁如中山，爲二軍聲勢……恪進據常山，段勤懼而請降，遂進攻鄴。

《十六國春秋輯補》卷二十六《前燕錄四·慕容儁》頁二〇三至二〇四

公元三五三年　東晉穆帝永和九年
前燕景昭帝元璽二年

又永和九年段龕據青州，置徐州於陽都，以王騰爲刺史。

《讀史方輿紀要》卷三十五《山東六》頁一六五六

公元三五四年　東晉穆帝永和十年
前燕景昭帝元璽三年

十年四月癸未，流星大如斗，色赤黃，出織女，沒造父，有聲如雷。占曰："燕齊有兵，百姓流亡。"其年十二月，慕容儁遂據臨漳，盡有幽、并、青、冀之地。緣河諸將奔散，河津隔絕。

《晉書》卷十三《志第三·天文下》頁三九八

燕樂陵太守慕容鈞，翰之子也，慕容翰有破高句麗滅宇文之功。與青州刺史朱禿共治厭次。厭，於琰翻。鈞自恃宗室，每陵侮禿。禿不勝忿，勝，音升。秋，七月，襲鈞，殺之，南奔段龕。爲後燕主誅禿張本。

《資治通鑑》卷九十九《晉紀二十一·穆帝永和十年》頁三一四三

公元三五五年　東晉穆帝永和十一年
前燕景昭帝元璽四年

齊公段龕襲慕容儁將榮國於郎山，敗之。

　　　　《晉書》卷八《帝紀第八·穆帝》頁二〇〇

十二月，慕容恪帥衆寇廣固。

　　　　《晉書》卷八《帝紀第八·穆帝》頁二〇一

十二月，慕容恪攻齊。

　　　　《晉書》卷十三《志第三·天文下》頁三七五

慕容恪攻齊。

　　　　《晉書》卷十三《志第三·天文下》頁三九八

初，段蘭之子龕因冉閔之亂，擁衆東屯廣固，自號齊王，稱藩于建鄴，遣書抗中表之儀，非儁正位。儁遣慕容恪、慕容塵討之。恪既濟河。龕弟羆驍勇有智計，言於龕曰："慕容恪善用兵，加其衆旅既盛，恐不可抗也。若頓兵城下，雖復請降，懼終不聽。王但固守，羆請率精鋭距之。若其戰捷，王可馳來追擊，使虜匹馬無反。如其敗也，遽出請降，不失千户侯也。"龕弗從。羆固請行，龕怒斬之，率衆三萬來距恪。

　　　　《晉書》卷一百十《載記第十·慕容儁》頁二八三七

前燕慕容儁僭即帝位。先是後趙段龕因冉閔之亂擁衆東屯廣固，自號齊王，稱藩於建業。遣書抗中表之儀，非儁正位，儁遣慕容恪、慕容塵討之。

《册府元龜》卷二三一《僭偽部·征伐》頁二七四七上

鎮北將軍段龕與燕主儁書，抗中表之儀，儁，段氏出也，故龕與之抗中表之儀。龕，苦含翻；下同。非其稱帝。儁怒，十一月，以太原王恪爲大都督、撫軍將軍，陽鶩副之，以擊龕。鶩，音務。

《資治通鑑》卷一百《晉紀二十二·穆帝永和十一年》頁三一五〇

燕主儁以段龕方强，謂太原王恪曰："若龕遣軍拒河，不得渡者，可直取呂護而還。"呂護時據野王。恪分遣輕軍先至河上，具舟楫以觀龕志趣。龕弟羆，驍勇有智謀，驍，堅堯翻。言於龕曰："慕容恪善用兵，加之衆盛，若聽其濟河，進至城下，恐雖乞降，不可得也。降，戶江翻；下同。請兄固守，羆帥精鋭拒之於河，幸而戰捷，兄帥大衆繼之，帥，讀曰率；下同。必有大功。若其不捷，不若早降，猶不失爲千户侯也。"龕不從。羆固請不已，龕怒，殺之。

《資治通鑑》卷一百《晉紀二十二·穆帝永和十一年》頁三一五一

齊公段龕襲慕容儁將榮國於郎山，取之。

《通志》卷十下《晉紀十下·穆皇帝》頁二〇二上

十一月，慕容恪帥衆寇廣固。

《通志》卷十下《晉紀十下·穆皇帝》頁二〇二上

初，段蘭之子龕因冉閔之亂，擁衆東屯廣固，自號齊王，稱藩于建鄴，遣書抗中表之儀，非儁正位。儁遣慕容恪、慕容塵討之。恪既濟河。龕弟羆驍勇有智計，言於龕曰："慕容恪善用兵，加其衆旅既盛，恐不可抗也。若頓兵城下，雖復請降，懼終不聽。王但固守，羆請率精銳距之。若其戰捷，王可馳來追擊，使虜匹馬無反。如其敗也，遽出請降，不失千户侯也。"龕弗從。羆固請行，龕怒殺之，率衆三萬來距恪。

《通志》卷一百八十八《載記三·慕容儁》頁三〇一五中至三〇一五下

初，段蘭之子龕因冉閔之亂，擁衆東屯廣固，自號齊王，稱藩於建鄴，遣書抗中表之儀，非儁正位。儁遣慕容恪、慕容塵討之。恪既濟河。龕弟羆驍勇有智計，言於龕曰："慕容恪善用兵，加其衆旅既盛，恐不可抗也。若頓兵城下，雖復請降，懼終不聽。王但固守，羆請率精銳距之。若其戰捷，王可馳來追擊，使虜匹馬無反。如其敗也，遽出請降，不失千户侯也。"龕弗從。羆固請行，龕怒殺之。

《十六國春秋輯補》卷二十六《前燕錄四·慕容儁》頁二〇七

公元三五六年　東晉穆帝永和十二年
前燕景昭帝元璽五年

鎮北將軍段龕及慕容恪戰于廣固，大敗之，恪退據安平。

《晉書》卷八《帝紀第八·穆帝》頁二〇一

慕容恪攻段龕於廣固，使北中郎將荀羨帥師次于琅邪以救之。

《晉書》卷八《帝紀第八·穆帝》頁二〇一

及慕容儁攻段蘭於青州，[一二]詔使羨救之。儁將王騰、趙盤寇琅邪、鄄城，北境騷動。羨討之，擒騰，盤迸走。軍次琅邪，而蘭已沒，羨退還下邳，留將軍諸葛攸、高平太守劉莊等三千人守琅邪，參軍戴遂、蕭鎋二千人守泰山。

【校勘記】

〔一二〕段蘭 《校文》：當從《穆紀》及《載記》作"段龕"，下同。按：《通鑑》一〇〇亦作"龕"。蘭已死于永和六年。

《晉書》卷七十五《列傳第四十五·荀崧附荀羨》頁一九八一、一九九六至一九九七

（慕容）恪遇龕於濟水之南，與戰，大敗之，遂斬其弟欽，盡俘其眾。恪進圍廣固，諸將勸恪宜急攻之，恪曰："軍勢有宜緩以克敵，有宜急而取之。若彼我勢均，且有強援，慮腹背之患者，須急攻之，以速大利。如其我強彼弱，外無寇援，力足制之者，當羈縻守之，以待其斃。兵法十圍五攻，此之謂也。龕恩結賊黨，眾未離心，濟南之戰，非不銳也，但其用之無術，以致敗耳。今憑固天險，上下同心，攻守勢倍，軍之常法。若其促攻，不過數旬，克之必矣，但恐傷吾士眾。自有事已來，卒不獲寧，吾每思之，不覺忘寢，亦何宜輕殘人命乎！當持久以取耳。"諸將皆曰："非所及也。"乃築室反耕，嚴固

圍壘。龕所署徐州刺史王騰、索頭單于薛雲降于恪。段龕之被圍也,遣使詣建鄴請救。穆帝遣北中郎將荀羨赴之,憚虜強遷延不敢進。攻破陽都,斬王騰以歸。恪遂克廣固,以龕爲伏順將軍,徙鮮卑胡羯三千餘戶于薊,留慕容塵鎮廣固,恪振旅而歸。

《晉書》卷一百十《載記第十·慕容儁》頁二八三七

逆賊辟閭渾父蔚,昔同段龕阻亂淄川,太宰東征,剿絶凶命。

《晉書》卷一百二十七《載記第二十七·慕容德》頁三一六七

近則曹嶷跋扈,見擒於後趙;段龕干紀,取滅於前朝。

《晉書》卷一百二十七《載記第二十七·慕容德》頁三一六七

十六國前燕將慕容恪率兵討段龕於廣固,〔九〕恪圍之,諸將勸恪宜急攻之,恪曰:"軍勢有宜緩以克敵,有宜急而取之。若彼我勢均,〔一○〕且有強援,慮腹背之患者,須急攻之,以速大利。如其我強彼弱,外無救援,力足制之者,當羈縻守之,以待其弊。兵法十圍五攻,此之謂也。龕恩結賊黨,衆未離心,今憑固天險,上下同心。攻守勢倍,軍之常法。若其促攻,不過數旬,克之必矣,但恐傷吾士衆。當持久以取耳。"乃築室反耕,嚴固圍壘。終克廣固。

【校勘記】

〔九〕前燕將慕容恪　"將"原脱,據北宋本、王吴本補。

〔一○〕若彼我勢均　"均"原訛"成",據《晉書·慕容儁載記》二八三七頁及北宋本、明抄本、王吴本改。明刻本訛"城"。

《通典》卷第一百六十《兵十三·圍師量無外救緩攻取之》頁四一○八至四一○九、四一二七

冉閔亂,(青州)段龕據之。慕容恪攻圍數月而克。

《通典》卷第一百八十《州郡十·今之青州》頁四七七○

崔鴻《十六國春秋》曰:前燕將慕容恪率兵討段龕於廣固,恪圍之。諸將勸恪宜急攻之。恪曰:"軍勢有宜緩以克敵,有宜急而取之。若彼我勢均,且須强援,虜腹背之患者,須急攻之以速大利。如其我强彼弱,外無寇援,力足制之者,當羈縻守之,以待其弊。兵法十圍五攻,此之謂也。龕恩結賊黨,衆未離心,今憑固天險,上下同心,攻守勢倍,軍之常法,若其促攻,不過數旬,克之必矣。但恐傷吾士衆,當持久以取耳。"乃築室返耕,嚴固圍壘,終克廣固。

《太平御覽》卷三一八《兵部四九·攻圍下》頁一四六四上

後冉閔之亂,段龕被慕容恪攻圍數月,不克,又塞五龍口,龕遂降。無幾,又震開之。

《太平寰宇記》卷之十八《河南道十八·青州》頁三五四

十月,慕容恪攻段龕於廣固,使北中郎將荀羨帥師次于琅琊以救之。

《册府元龜》卷一二一《帝王部·征討一》頁一四四八上

(慕容)恪遇龕於濟水之南,與戰大敗之,遂斬其弟欽,盡俘其衆,恪進圍廣固,克之。

《册府元龜》卷二三一《僭僞部·征伐》頁二七四七上

荀羨爲徐州刺史、監青州軍事。慕容儁攻段簡於青州,詔使羨救之。儁將王騰、趙盤寇琅邪、鄄城,北境騷動。羨討之,擒騰,盤迸走。軍次琅邪,而簡已没,羨退還下邳。

《册府元龜》卷三五〇《將帥部·立功三》頁四一五〇下

前燕慕容恪爲侍中,率兵討段龕於廣固。恪圍之,諸將勸恪宜急攻之,恪曰:"兵法十圍五攻,段龕恩結賊黨,衆未離心,今憑固天險,上下同心。若其促攻,不過數旬,雖能克之,但恐傷吾士衆。當持久以取耳。"乃築室返耕,嚴固圍壘。終克廣固。

《册府元龜》卷三六八《將帥部·攻取一》頁四三七九上

荀羨爲北中郎將。初,段龕東屯廣固,自號齊王,稱藩于建業。慕容恪討之,龕所署徐州刺史王騰、索頭單于薛雲降于恪。龕遣使詣建業請救,穆帝遣羨赴之,憚虜强,遷延不敢進。

《册府元龜》卷四五三《將帥部·怯懦》頁五三七一上至五三七一下

春，正月，燕太原王恪引兵濟河，未至廣固百餘里，段龕帥衆三萬逆戰。丙申，恪大破龕於淄水，據《載記》，恪破龕於濟水之南。今言未至廣固百餘里，蓋至淄水而會戰也。《水經》，濁水逕廣固城西，東流至廣饒，入巨淀，又北合于淄水。執其弟欽，斬右長史袁範等。齊王友辟閭蔚被創，段龕自稱齊王，故置王友之官。蔚，紆勿翻。創，初良翻。恪聞其賢，遣人求之，蔚已死，士卒降者數千人。龕脫走，還城固守，恪進軍圍之。

《資治通鑑》卷一百《晉紀二十二‧穆帝永和十二年》頁三一五二

燕太原王恪招撫段龕諸城。恪圍廣固未下，故先招撫其統內諸城。己丑，龕所署徐州刺史陽都公王騰舉衆降，恪命騰以故職還屯陽都。段龕置徐州於琅邪陽都縣。杜佑曰：漢陽都縣故城在沂州沂水縣南。

《資治通鑑》卷一百《晉紀二十二‧穆帝永和十二年》頁三一五三

段龕遣其屬段蘊【嚴：“蘊”改“蘊”。】來求救，蘊，紆粉翻。詔徐州刺史荀羨將兵隨蘊救之。羨至琅邪，此古琅邪也。憚燕兵之強不敢進。王騰寇鄄城，鄄城縣，漢屬東郡，晉屬濮陽。此非古鄄城縣，蓋僑縣也。羨進攻陽都，會霖雨，城壞，獲騰，斬之。段龕署王騰爲徐州刺史，屯陽都，時降于燕，爲燕來寇。

《資治通鑑》卷一百《晉紀二十二‧穆帝永和十二年》頁三一五八

燕大司馬恪圍段龕於廣固，諸將請急攻之，恪曰："用兵之勢，有宜緩者，有宜急者，不可不察。若彼我勢敵，外有強援，恐有腹背之患，則攻之不可不急。若我强彼弱，無援於外，力足制之者，當羈縻守之，以待其斃；兵法十圍五攻，正謂此也。《孫子》曰：用兵之法，十則圍之，五則攻之。龕兵尚衆，未有離心；濟南之戰，即淄水之戰。曰濟南者，以濟水南北大界言之。非不銳也，但龕用之無術，以取敗耳。今憑阻堅城，上下戮力，我盡銳攻之，計數日【章：十二行本"日"作"旬"；乙十一行本同；孔本同。】可拔，然殺吾士卒必多矣。自有事中原，兵不蹔息，蹔，與暫同。吾每念之，夜而忘寐，奈何輕用其死乎！要在取之，不必求功之速也！"諸將皆曰："非所及也。"軍中聞之，人人感悅。於是爲高墻深塹以守之。塹，七豔翻。齊人爭運糧以饋燕軍。

龕嬰城自守，樵采路絕，城中人相食。龕悉衆出戰，恪破之於圍裏，時外築長圍，故戰於圍裏。先分騎屯諸門，屯廣固城諸門也。騎，奇寄翻。龕身自衝盪，盪，徒朗翻，又他浪翻。僅而得入，餘兵皆没。於是城中氣沮，莫有固志。沮，在呂翻。十一月，丙子，龕面縛出降，并執朱禿送薊。降，戶江翻。薊，音計。恪撫安新民，悉地齊地，徙鮮卑、胡、羯三千餘户于薊。燕王儁具朱禿五刑，朱禿殺慕容鈞而奔龕，見上卷十年。以段龕爲伏順將軍。恪留慕容塵鎮廣固，以尚書左丞鞠殷爲東萊太守，章武太守鮮于亮爲齊郡太守，乃還。

《資治通鑑》卷一百《晉紀二十二·穆帝永和十二年》頁三一五八至三一五九

鎮北將軍段龕及慕容恪戰於廣固，大敗之，恪退據安平。
《通志》卷十下《晉紀十下·穆皇帝》頁二〇二上

慕容恪攻段龕於廣固，使北中郎將荀羨帥師次于琅邪以救之。
《通志》卷十下《晉紀十下·穆皇帝》頁二〇二上

及慕容儁攻段蘭於青州，詔使羨救之。儁將王騰、趙盤寇琅邪、鄄城，北方騷動。羨討之，擒騰，盤迸走。軍次琅邪，而蘭已沒，羨退還下邳，留將軍諸葛攸、高平太守劉莊等三千人守琅邪，參軍戴遂、蕭鋘二千人守泰山。
《通志》卷一百二十七《列傳四十·荀羨》頁一九九八中

（慕容）恪遇龕於濟水之南，與戰，大敗之，遂斬其弟欽，盡俘其衆。恪進圍廣固，命諸將築室反耕，爲持久之計以困龕。龕所署徐州刺史王騰、索頭單于薛雲降于恪。段龕之被圍也，遣使詣建鄴請救。穆帝遣北中郎將荀羨赴之，憚虜強遷延不敢進。攻破陽都，斬王騰以歸。恪遂克廣固，以龕爲伏順將軍，徙鮮卑胡羯三千餘户于薊，留慕容塵鎮廣固，恪振旅而歸。
《通志》卷一百八十八《載記三·慕容儁》頁三〇一五下

冉閔亂，段龕據之。慕容恪攻圍數月而克。
《文獻通考》卷三百十七《輿地三·青州》頁二四九一中

永和十二年,時段龕據廣固,雄於東方,僑使慕容恪攻之,悉平其地。

《讀史方輿紀要》卷三《歷代州域形勢三》頁一二四

至於曹嶷、段龕、辟閭渾之屬,類皆齷齪庸才,宜不足以自保。

《讀史方輿紀要·山東方輿紀要序》頁一四三五

後趙冉閔之亂,段龕據此,尋爲燕慕容恪所陷。

《讀史方輿紀要》卷三十五《山東六》頁一六二二

慕容恪攻段龕,十旬不拔,塞口而龕降,無幾雷復震開。

《讀史方輿紀要》卷三十五《山東六》頁一六二五

《晉書》"永和十二年,燕慕容恪引兵擊段龕,未至廣固百餘里,龕帥衆逆戰,恪大破之於淄水",即此。

《讀史方輿紀要》卷三十五《山東六》頁一六二六

五年,龕率衆三萬來距恪。恪遇龕於濟水之南,與戰,大敗之,遂斬其弟欽,盡俘其衆。恪進圍廣固,諸將勸恪宜急攻之,恪曰:"軍勢有宜緩以克敵,有宜急而取之。若彼我勢均,且有强援,慮背腹之患者,須急攻之,以速大利。如其我強彼弱,外無寇援,力足制之者,當羈縻守之,以待其弊。兵法十圍五攻,此之謂也。龕恩結賊黨,衆未離心,濟南之戰,非不銳也,但其用之無術,以致敗耳。今憑固天險,上下同心,攻守勢倍，軍之常法。若其促攻，不過數旬，克之必矣，但恐傷吾士衆。自有事已來，卒不獲寧，吾每思之，不覺忘寢，亦何宜輕殘人命乎！當持久以取耳。"諸將皆曰："非所及也。"乃築室反耕，嚴固圍壘。此段亦見《御覽》三百十八。龕所署徐州刺史王騰、索頭單于薛雲降於恪。段龕之被圍也，遣使詣建鄴請救。穆帝遣北中郎將荀羨赴之，憚虜強，遷延不敢進，攻破陽都，斬王騰以歸。恪遂克廣固，以龕爲伏順將軍，徙鮮卑胡羯三千餘戶於薊，留慕容塵鎮廣固，恪振旅而歸。

《十六國春秋輯補》卷二十六《前燕錄四‧慕容儁》頁二〇七至二〇八

逆賊辟閭渾父蔚，昔同段龕阻亂淄川，太宰東征，剿絕凶命。

《十六國春秋輯補》卷五十九《南燕錄二‧慕容德》頁四三九

近則曹嶷跋扈，見擒於後趙；段龕干紀，取滅於前朝。

《十六國春秋輯補》卷五十九《南燕錄二‧慕容德》頁四三九

公元三五七年　東晉穆帝升平元年
前燕景昭帝光壽元年

是月，鎮北將軍、齊公段龕爲慕容恪所陷，遇害。

《晉書》卷八《帝紀第八‧穆帝》頁二〇二

十二年十一月,齊城陷,執段龕,殺三千餘人。
《晉書》卷十三《志第三·天文下》頁三七五

十一月,齊城陷,執段龕,殺三千餘人。
《宋書》卷二十四《志第十四·天文二》頁七一五

燕主儁殺段龕,阬其徒三千餘人。龕,苦含翻。
《資治通鑑》卷一百《晉紀二十二·穆帝升平元年》頁三一六六

是月,鎮北將軍、齊公段龕爲慕容恪所陷,遇害。
《通志》卷十下《晉紀十下·穆皇帝》頁二〇二上

十二年十一月,齊城陷,執段龕,殺三千餘人。
《文獻通考》卷二百八十八《象緯十一·月五星凌犯》頁二二八一中

公元三五八年　東晉穆帝升平二年
前燕景昭帝光壽二年

常山大樹自拔,根下得璧七十、珪七十三,光色精奇,有異常玉。儁以爲嶽神之命,遣其尚書郎段勤以太牢祀之。
《晉書》卷一百十《載記第十·慕容儁》頁二八三九

《晉書·載記》曰:燕常山大樹自拔,根下得璧七十三,光色精奇,有異常玉。慕容儁以爲嶽神之命,遣其尚書郎段勤,以太牢祀之。

　　《太平御覽》卷八〇六《珍寶部五・璧》頁三五八二下

　　常山大樹自拔，根下得璧七十、珪七十三，光色精奇，有異常玉。儁以爲嶽神之命，遣其尚書郎段勒以太牢祀之。

　　《通志》卷一百八十八《載記三・慕容儁》頁三〇一六上

　　戊子。二年，三月，常山寺大樹自拔，根下得璧七十二、一作"二十七"，一作"七十"。珪七十三，此二句亦見《御覽》三十九，及《北堂書鈔》、《初學記》五。光色精奇，有異常玉。儁以爲嶽神之命，遣其尚書郎段勤以太牢祀之。

　　《十六國春秋輯補》卷二十七《前燕錄五・慕容儁》頁二一〇

公元三五九年　東晉穆帝升平三年
前燕景昭帝光壽三年

　　燕人殺段勤，勤弟思來奔。段勤降燕，見上卷永和八年。

　　《資治通鑑》卷一百《晉紀二十二・穆帝升平三年》頁三一七三

公元四一〇年　東晉安帝義熙六年　北魏明元帝
永興二年　南燕太上六年

　　河間人玄文説裕曰："昔趙攻曹嶷，望氣者以爲灅水帶城，非可攻拔，若塞五龍口，城必自陷。石季龍從之，而嶷請降。後慕容恪之圍段龕，亦如之，而龕降。降後無幾，又震開之。今舊基猶在,可塞之。"裕從其言。

《晉書》卷一百二十八《載記第二十八·慕容超》頁三一八四

東晉末,宋武帝討慕容超,圍廣固城,數月不拔。或説裕曰:"昔石勒將石季龍攻曹嶷,瞻氣者以爲澠音繩水帶城,非可攻拔,若塞五龍口,城必自陷。季龍從之,而嶷降。慕容恪圍段龕亦如之,而龕降。降後無幾,〔五四〕又震開之。今舊迹猶在,可塞之。"

【校勘記】

〔五四〕而龕降降後無幾　原"而"下有"段",又脱一"降"字,據《晉書·慕容超載記》三一八四頁及北宋本、明抄本、明刻本、王吳本刪補。

《通典》卷第一百五十六《兵九·假託安衆》頁四〇一五、四〇二一

又曰:劉裕討慕容超,圍廣固城,數月不拔,或説裕曰:"昔石季龍攻曹嶷,瞻氣者以爲澠水帶城,澠,音黽。非可攻拔,若塞五龍口,城必自陷。季龍從之,而嶷降。慕容恪圍段龕,亦如之,而龕降。降後無幾,又震開之。今舊迹猶在,可塞之。"裕從其言。

《太平御覽》卷二九五《兵部二六·安衆》頁一三六二下至一三六三上

玄文河間人也。宋高祖圍慕容超,其尚書令董鋭勸超出

降。超大怒,繫之於獄。於是賀賴盧、公孫五樓爲地道出戰,王師不利。玄文説高祖曰:"昔趙攻曹嶷,望氣者以爲澠水帶城,非可攻拔。若塞五龍口,城必自陷。石季龍從之,而嶷請降。後慕容恪之圍段龕亦如之,而龕降。降後無幾,又震開之。今舊基猶在,可塞之。"高祖從其言,至城中男女患脚弱病者大半。

《册府元龜》卷九〇六《總録部·禳厭》頁一〇七三二下

河間人玄文説裕曰:"昔趙攻曹嶷,望氣者以爲澠水帶城,非可攻拔,若塞五龍口,城必自陷。石虎從之,而嶷請降。後慕容恪之圍段龕,亦好之,而龕降。降後無幾,又震開之。今舊基猶在,可塞之。"裕從其言。

《通志》卷一百九十二《載記七·慕容超》頁三〇八九下

河間人玄文説裕曰:"昔趙攻曹嶷,望氣者以爲澠水帶城,非可攻拔,若塞五龍口,城必自陷。石季龍從之,而嶷請降。後慕容恪之圍段龕,亦如之,而龕降。降後無幾,又震開之,今舊基猶在,可塞之。"裕從其言。

《十六國春秋輯補》卷六十二《南燕録五·慕容超》頁四五七

參考文獻 ①

紀傳體史料

（南朝梁）沈約撰：《宋書》，中華書局，一九七四年。

（北齊）魏收撰：《魏書》，中華書局，一九七四年。

（唐）房玄齡等撰：《晉書》，中華書局，一九七四年。

（唐）令狐德棻等撰：《周書》，中華書局，一九七一年。

（唐）李延壽撰：《北史》，中華書局，一九七四年。

（北宋）歐陽修、宋祁撰：《新唐書》，中華書局，一九七五年。

（南宋）鄭樵撰：《通志》，中華書局，一九八七年。

（元）脫脫等撰：《遼史》，中華書局，一九七四年。

編年體史料

（北宋）司馬光編著，（元）胡三省音注：《資治通鑑》，中華書局，一九五六年。

典制體史料

（唐）杜佑撰：《通典》，中華書局，一九八八年。

---

① 書中所錄《冊府元龜》史料，頁碼根據中華書局影印本標注。

（元）馬端臨撰：《文獻通考》，中華書局，一九八六年。

類書

（北宋）李昉等撰：《太平御覽》，中華書局，一九六〇年。
（北宋）王欽若等編：《册府元龜》，中華書局，一九六〇年。
（北宋）王欽若等編：《册府元龜》，鳳凰出版社，二〇〇六年。

地理類史料

（北宋）樂史撰：《太平寰宇記》，中華書局，二〇〇七年。
（清）顧祖禹撰：《讀史方輿紀要》，中華書局，二〇〇五年。

其他史料

（北魏）崔鴻撰，（清）湯球輯補：《十六國春秋輯補》，中華書局，一九八五年。

後　記

　　《宇文鮮卑資料輯録》與《段部鮮卑資料輯録》即將付梓，希望能對研究兩晉十六國時期宇文部與段部鮮卑歷史有所裨益。真正做好一部資料輯録既需要熟悉掌握相關歷史，還需要具備一定的古文字、版本目録學知識。該資料輯録涉及紀傳體、編年體、典制體、大型類書、地理總志等多類古籍，内容龐雜、分布零散、謬誤繁多、生僻字及異體字大量存在，增加了整理工作的難度。作爲資料類工具書，可貴的是其準確性、全面性和系統性。工作伊始，我們就明確了這樣的目標，並不斷强化、逐步完善。但是，能否達到預先設想，爲研究者所用，助益專業研究，還要實踐檢驗。

　　在編輯出版過程中，内蒙古大學2021級博士研究生林睿核對了全書，2022級博士研究生張宇、于伯樂和2021級碩士研究生周俊昊、郝意如分工做了校對；責編陳喬付出了大量辛勤勞動，謹致以誠摯的謝意！

　　書中難免有錯誤紕漏，敬祈讀者批評指正。

2022 年 8 月 15 日